charlotte greig

Die unglaublichsten Verschwörungen der Welt

charlotte greig

Die unglaublichsten Verschwörungen der Welt

Bassermann

Inhalt

Einleitung

Am 11.09.2001 brach ein Goldenes Zeitalter der Verschwörungstheorien an. Michael Moores Film *Fahrenheit 9/11* öffnete den Geschichten von Intrigen und Komplotten Tür und Tor: Heute fragen
sich nicht mehr nur die Sonderlinge, warum sich die NSA Informationen über jeden US-Bürger verschafft, ob Russland Donald Trump
zur Präsidentschaft verhalf oder auch warum George Bush weiter aus
einem Kinderbuch vorlas, nachdem er erfahren hatte, dass das erste Flugzeug in das World Trade Center geflogen war. Und nicht nur
gestandene Verschwörungstheoretiker möchten wissen, ob der Krieg
gegen den Terror in Wahrheit ein Krieg um das Öl ist.

Was gestern noch eine Verschwörungstheorie war, ist heute oft
anerkannte Geschichte. Wer glaubt heute noch, dass Lee Harvey Oswald JFK ganz alleine erschoss? Ist es denn falsch, in der Verbindung
zwischen der US-Regierung und großen Konzernen, wie Halliburton
oder Enron, ein Komplott zu sehen? Oder wäre es vielleicht viel zu
naiv, das nicht zu tun?

Natürlich gründen längst nicht alle dieser Theorien auf Fakten. Einige sind sehr weit hergeholt, z. B. die These, dass die Erde in Wirklichkeit hohl und im Inneren bewohnt sei. Andere, wie die Auffassung,

dass Regierungen den Besuch von Außerirdischen auf der Erde vertuschen, scheinen geradewegs der *Akte X* entsprungen zu sein. Aber
all diese Ideen hängen mit unserem tief verwurzelten Wunsch zusammen, alles erklären zu können, was auf dieser Erde vor sich geht.

Es gibt aber auch diejenigen Theorien, die sich verlockend nah am
Rande des tatsächlich Möglichen bewegen, z. B. dass die Mondlandungen tatsächlich in einem Filmstudio stattfanden und nicht auf
dem Mond. Und natürlich stirbt selten ein Prominenter, ohne dass
sein Tod von einem Hauch des Mysteriums umgeben ist. Wurde Prinzessin Diana ermordet? Lebt Elvis noch? Steckt das FBI hinter dem
Mord an John Lennon? Manche behaupten, diese Theorien seien nur
eine Reaktion, um Tod und Verlust zu verdrängen. Andere sehen darin die dunkle Seite eines Menschen, die uns die Person in der Öffentlichkeit nicht zeigt.

Wir haben über 40 Verschwörungstheorien für Sie zusammenge-
tragen – von den glaubhaften bis zu den völlig verrückten, von Kornkreisen und Watergate bis zum Heiligen Gral. War 9/11 etwa ein abgekartetes Spiel? Wir haben nicht alle Antworten auf diese Frage, aber
wir haben ein paar ziemlich gute Theorien!

Was ist eine Verschwörung?

Eine Verschwörung entsteht durch zwei oder mehr Personen, die eine
gemeinsame Strategie in die Tat umsetzen. Dieser Plan kann theo-
retisch gut oder böse sein, aber im Lauf der Jahrhunderte bekam
das Wort „Verschwörung" einen ausgesprochen negativen Beige-
schmack. Das erkennt man schon daran, wie es in juristischen Kreisen
behandelt wird: Wann immer von Verschwörungen gesprochen wird,
geht man automatisch von einer Straftat aus.

Komplotte und Intrigen sind zwar nicht grundsätzlich immer geheim, aber die Geheimhaltung ist im Lauf der Jahre zu einem wesentlichen Teil dessen geworden, was wir als Verschwörung ansehen. Das gilt erst recht, wenn es um Verschwörungstheorien geht. Im Grunde sind diese Theorien alternative Auslegungen der Weltgeschichte oder unserer Umwelt ganz allgemein. In ihnen wird angedeutet, dass dramatische Ereignisse nicht zufällig oder aus einem bestimmten Grund passieren, sondern dass sie das Ergebnis geheimer Pläne sind.

Verschwörungstheorien begleiten uns seit Jahrtausenden – genauso wie die echten Verschwörungen. Unsere Geschichte ist voller dramatischer Intrigen, von den alten Griechen und der Eroberung Trojas bis zu Cäsars Rivalen, die seine Ermordung vorbereiteten. Und es gab immer Menschen, die passende Theorien zur Erklärung dieser Ereignisse entwickelten.

Trotzdem rückten die Verschwörungstheorien erst in den letzten hundert Jahren richtig in den Vordergrund. Vielleicht liegt es daran, dass die Menschen heute weniger religiös sind. Früher sah man unerklärliche Ereignisse einfach als ein Werk Gottes an, während wir heutzutage eher nach der Handschrift anderer Menschen suchen.

Das späte 19. Jahrhundert war die Geburtsstätte einiger besonders langlebiger Theorien. Während die Welt sich immer schneller veränderte und nichts mehr wirklich sicher war, begannen viele Menschen zu glauben, irgendwo müsse es eine mächtige Organisation geben, die alles steuere. Die besten Kandidaten dafür waren die jüdischen Gemeinden in Europa, wo der Antisemitismus seit einiger Zeit immer mehr Aufschwung erfahren hatte. Die Vorstellung einer internationalen jüdischen Verschwörung wurde immer glaubhafter, vor allem in Russland in den turbulenten Jahren bis zum Ersten Weltkrieg. Andere Kandidaten für die geheime Weltherrschaft waren die Freimaurer, die

Kommunisten und eine halbmythische Gruppe, die als die Illuminaten bekannt war.

Die Vision einer Welt, die von einer kleinen, finsteren Gruppe beherrscht wird, ist auch heute noch ein beliebtes Element der Verschwörungstheorien. Eigentlich steht sie sogar hinter jeder existierenden Theorie. Die Antwort auf die Frage, was eine Verschwörungstheorie ist, könnte also lauten: „In einer Verschwörungstheorie wird angedeutet, dass die großen Ereignisse auf der Welt nicht das sind, was sie zu sein scheinen. Stattdessen sind sie Ausdruck einer Herrschaft einer kleinen, geheimen Elite."

Und heute?

In den letzten Jahren ist das Interesse an den Verschwörungstheorien förmlich explodiert. Dafür gibt es viele Gründe: die verloren gegangene Religion, fehlender Glaube an die Politik, sensationslüsterne Medien, die mit Vorliebe fantastische Theorien veröffentlichen, der Einfluss von Filmen und Büchern usw. Einer der wichtigsten Faktoren ist jedoch zweifellos das Internet, denn es ist das perfekte Medium zur Verbreitung von Verschwörungstheorien. Früher wurde ein Gerücht nur ein paar auserwählten Personen erzählt und verbreitete sich dann nur langsam weiter – etwa das Gerücht von einem maskierten Mann auf Londoner Sexpartys zur Blütezeit der Profuma-Affäre oder das über den Watergate-Informanten, der bis vor Kurzem nur als „Deep Throat" bekannt war. Heute verbreiten sich diese Geschichten innerhalb von Minuten durch das Internet über die ganze Welt.

Wenn heute etwas passiert, z. B. der Anschlag vom 11. September 2001, erscheinen die Verschwörungstheorien unmittelbar darauf im Internet. Beweise, welche die Behörden lieber nicht veröffentlicht hätten, stehen heute von Amerika bis Australien öffentlich zur Diskussion. Das Problem ist, dass dies auf Lügen und Täuschungen ebenso zutrifft. Das Internet ist sowohl ein hervorragendes Werkzeug zur Vermeidung von Zensur und zur Verbreitung der Wahrheit als auch ein Tummelplatz der Verrückten und ihrer wirren Fantasien. Es ist nicht einfach, aus der Flut aller Theorien diejenigen auszusuchen, die man ernsthaft in Betracht ziehen kann.

Dieses Dilemma zeigte sich deutlich bei den Ereignissen rund um den 11. September 2001 und beim darauf folgenden Krieg gegen den Terror. Durch den außerordentlichen Erfolg von Michael Moores Dokumentarfilm *Fahrenheit 9/11* wurden die Verschwörungstheorien auf einmal alltagstauglich. Im Film werden einige Theorien ernsthaft betrachtet, die zuvor noch als haarsträubend verlacht worden wären. Die Meinung der Zuschauer war geteilt. Einige hielten den Film für unverantwortlich, andere sahen in ihm die Wahrheit, vor der die bekannten Nachrichtenmedien zurückgeschreckt waren. Natürlich sind diese Meinungen extrem davon abhängig, welcher politischen Fraktion die Zuschauer angehören. Und es ist auch nicht weiter verwunderlich, dass Verschwörungstheorien immer auf diejenigen eine besondere Anziehungskraft ausüben, deren Ansichten gegensätzlich zur Meinung der derzeitigen Regierung sind.

Politische Verschwörungen

In diesem Buch versuchen wir, einen unvoreingenommenen Blick auf den Krieg gegen den Terror zu werfen, damit sich der Leser ein eigenes Urteil bilden kann. Wir sehen uns verschiedene Verschwörungstheorien zu den Ereignissen vom 11.09.2001 an und versuchen, ein wenig Licht in das Dunkel der letzten Momente an Bord von

Flug 93 zu bringen. Wir untersuchen die Anschuldigungen, dass der Krieg in Afghanistan in Wahrheit „nur" ein Krieg um Öl war, und wir erforschen auch die verworrenen Beziehungen zwischen den Familien Bush und bin Laden.

Wir gehen weiter zurück in der Geschichte und greifen eine Reihe von Todesfällen und Attentaten in den 1960er-Jahren auf. Die Ermordung John F. Kennedys ist sicherlich der bekannteste Fall und vielleicht die ultimative Intrige, über die es unzählige Bücher sowie Kino- und Fernsehfilme gibt. Der Mord an dem radikalen Schwarzenführer Malcolm X und sogar der mysteriöse Tod des Filmstars Marilyn Monroe werfen ebenfalls viele Spekulationen auf.

Viele Verschwörungstheorien beziehen sich auf geheime Gesellschaften und ihre Machenschaften. Wir untersuchen die bekannte Bilderberg-Gruppe und versuchen herauszufinden, ob diese mysteriöse Vereinigung tatsächlich die Welt regiert. Ist Ihnen eigentlich aufgefallen, dass bei der letzten amerikanischen Präsidentschaftswahl beide Kandidaten dem gleichen Geheimbund angehörten? Auch die seltsame Welt der in Yale beheimateten Gesellschaft „Schädel und Knochen" (Skull and Bones) werden wir durchleuchten. Ist sie ein amerikanischer Zweig der Illuminaten? Und wer oder was sind eigentlich die Illuminaten? Sind die Mitglieder dieser 1776 in Bayern gegründeten Geheimorganisation wirklich die treibenden Kräfte dieser Welt?

Auch die Religion sorgte immer für ein gewisses Maß an Spekulationen, sodass wir uns die merkwürdigen Geschichten rund um den Heiligen Gral ansehen wollen. Kann es denn sein, dass Maria Magdalena tatsächlich diese wertvollste Reliquie des Christentums aus dem Heiligen Land nach Westeuropa schmuggelte, wo sie bis heute versteckt ist? Und dann ist da natürlich noch der geheimnisumwitterte Tod Roberto Calvis, des sogenannten Bankiers Gottes. Hatten Mitarbeiter des Vatikans und somit des Papstes also tatsächlich Verbindungen zur Mafia?

Verschwörungstheorien und Prominentenkult

Der Prominentenkult ist ein Markenzeichen des 20. und 21. Jahrhunderts. Es ist deshalb nicht weiter verwunderlich, dass sich gerade in den letzten Jahren mehr und mehr Verschwörungstheoretiker von Politik und Religion abwandten und sich stattdessen lieber mit dem Leben und Sterben der Reichen und Schönen befassen. Kann es denn sein, dass Elvis Presley und Tupac Shakur beide noch am Leben sind? Natürlich untersuchen wir auch die noch viel merkwürdigere These, dass der Ex-Beatle Paul McCartney in Wahrheit tot ist und wir es mit einem Doppelgänger zu tun haben.

Natürlich befassen wir uns auch mit denjenigen Theorien, die sich wie pure Science Fiction lesen. Eine der berühmtesten Geschichten dieser Art besagt, dass die Mondlandungen der Amerikaner Fälschungen waren. Könnte das stimmen? Und wenn ja, wie hat man das inszeniert? Was ist mit den Besuchen von Außerirdischen auf der Erde und ihren angeblichen Invasionsplänen? Was geschah nun wirklich in Roswell? Oder im Rendlesham Forest? Gibt es Leben auf dem Mars? Und wie lassen sich die mysteriösen Kornkreise erklären?

Verrückter als die Fantasie

Verschwörungstheorien gibt es in unzähligen Facetten. Manche scheinen einem Science-Fiction-Roman entsprungen zu sein, und viele werden in Büchern wieder aufgegriffen, z. B. in Dan Browns Bestseller *Sakrileg,* in dem der Autor mit dem Komplott um den Heiligen Gral spielt. Während viele Komplotte jedoch eher unterhaltsam als realistisch sind, werden in einigen Geschichten doch beunruhigende Tatsachen enthüllt und unangenehme Fragen über die Machtverteilung auf dieser Welt gestellt.

Letztendlich müssen jedoch Sie, liebe Leser, entscheiden, welchen Theorien Sie glauben wollen und welchen nicht. Tauchen Sie in eine Welt ein, die eigenartiger ist als alles, was sich ein Schriftsteller jemals ausdenken könnte: die Welt der Verschwörungstheorien.

Kapitel 1
Lügen und Intrigen

Nur weil man uns paranoid nennt, sind wir es noch lange nicht. Denn wem kann man heute noch trauen, und was ist wirklich wahr? Es ist eine Tatsache, dass Staaten Unsummen ausgeben, um die eigene Bevölkerung zu bespitzeln, indem sie im Namen eines Anti-Terror-Kampfes unvorstellbare Mengen an Informationen sammeln. Aber warum erfuhren wir dies erst, als besorgte Insider ihr Wissen preisgaben? Und welche ominösen Verbindungen gibt es zwischen dem derzeitigen Präsidenten der Vereinigten Staaten und seinem russischen Kontrahenten Wladimir Putin? Was ist dran an der russischen Wahlkampfhilfe?

Donald Trump: Liebesgrüße aus Moskau?

Seit den amerikanischen Präsidentschaftswahlen von 2016 hält sich der Verdacht, Russland habe dabei seine Finger im Spiel gehabt und Donald Trump den Weg ins Weiße Haus geebnet. Trump leugnete, dass es geheime Absprachen gab, doch Mitglieder seines Stabes wurden angeklagt, und einige bekannten sich schuldig. Außer den involvierten Amerikanern klagte der Sonderermittler Robert Mueller 13 russische Bürger sowie drei russische Vereinigungen an.

Alles begann, als Wikileaks rund eine Viertelmillion von Chelsea Manning – ehemals Bradley – gelieferte diplomatische Mitteilungen der demokratischen Kandidatin Hillary Clinton aus ihrer Zeit als Außenministerin veröffentlichte. Am Vorabend der Parteiversammlung der Demokraten im Juli 2016 machte Wikileaks E-Mails des Komitees der Demokraten (DNC) öffentlich, die zeigten, dass man Clinton bei den Vorwahlen gegenüber ihrem Herausforderer Bernie Sanders den Vorzug gab, und auch, dass Clinton wohl betrogen hatte, um nominiert zu werden. Einige Experten für Cybersicherheit schlossen, dass Russen die Computer des DNC gehackt hatten. Bob Gourley, ehemaliger Chef des Sicherheitsbüros, sagte: „Der Softwarecode des Hacks hatte alle verräterischen Zeichen, die ihn als russisch auswiesen, darunter Code, die auch schon bei früheren Hacks genutzt worden sind. Das ist ein dickes Ding."

Auch die Sicherheitsfirma Crowstrike, die schon früher Hacks im Weißen Haus, dem Pentagon und dem Auswärtigen Amt untersucht hatte, kam zu dem Schluss, dass die Russen das DNC gehackt hatten. Es gebe, so hieß es, „im Netzwerk des DNC zwei verschiedene, mit dem russischen Nachrichtendienst verbundene Kontrahenten". Trump wies das zurück. Stattdessen ermutigte er russische Hacker, Hillary Clintons umstrittene persönliche E-Mail-Adressen anzugreifen: „Russland, falls ihr mich hört, ich hoffe, ihr könnt die 30 000 fehlenden E-Mails finden."

Im September 2016 beschuldigten alle US-Nachrichtendienste Russland, das DNC gehackt zu haben. Doch Trump blieb stur und sagte: „Könnte Russland gewesen sein … oder auch … jemand, der auf ihrer Bettkante hockt und 400 Kilo wiegt."

Gefälligkeiten gegen Bares?

Trumps damaliger Wahlkampfleiter Paul Manafort wurde beschuldigt, mehrere Millionen Dollar in bar für Gefälligkeiten gegenüber Russland kassiert zu haben, darunter für Geschäfte mit einem Oligarchen, der dem russischen Präsidenten Wladimir Putin nahesteht. Auch wurden, während Manafort den Wahlkampf managte, anti-russische Äußerungen aus der Erklärung der Republikaner bezüglich des Ukrainekonflikts gestrichen.

Eine Woche vor der Wahl kam eine weitere Sache ans Licht, diesmal aus einem Bericht, der dem FBI übergeben worden war. Gestützt auf russische Quellen besagte er, dass das Putin-Regime Trump schon seit mindestens fünf Jahren unterstütze. Weiter wurde behauptet, der russische Geheimdienst habe Trump während seiner Besuche in Moskau kompromittiert und könne ihn nun erpressen.

Allerdings war dieser vom ehemaligen MI6-Offizier Christopher Steele vorgelegter Bericht vom Clinton-Wahlkampfteam finanziert worden, das ein gutes Motiv hatte, den Kandidaten der Republikaner zu diskreditieren.

Als das aus dem Jahr 2005 stammende Video mit Trumps obszönen Bemerkungen über Frauen veröffentlicht wurde und Gefahr bestand, dass er deshalb die Wahl verlieren könne, wurde Wikileaks mit Tausenden weiterer Clinton-E-Mails überschüttet. Im Dezember publizierten das FBI und das Ministerium für Heimatschutz einen Bericht des US-Geheimdienstes, der Russland mit den Hackern in Verbindung brachte. Präsident Barack Obama wies daraufhin 35 russische Diplomaten aus und verhängte Sanktionen gegen Russland. Doch inzwischen war Trump, allem zum Trotz, gewählt worden.

Regierung in der Klemme

Dann kam heraus, dass Rex Tillerson, von Trump nominierter Außenminister, während seiner Zeit bei ExxonMobile enge Beziehungen zu Putin gepflegt hatte. Am 2. Februar 2017 wurde er vereidigt, doch bereits sechs Wochen später wieder abgesetzt.

Im Februar wurde bekannt, dass sich Trumps Sicherheitsberater Michael Flynn mit dem russischen Botschafter Sergei Kisljak über die Aufhebung der von Obama verhängten Sanktionen beraten hatte, und zwar noch bevor Trump ins Oval Office eingezogen war. Als Privatmann Außenpolitik zu betreiben, gilt als strafbare Handlung. Flynn trat nach 23 Tagen im Amt zurück. Er bekannte sich schuldig, das FBI belogen zu haben – ein Schwerverbrechen –, und erklärte sich bereit, mit Sonderermittler Mueller zusammenzuarbeiten.

Justizminister Jeff Sessions wurde beschuldigt, bei seiner Befragung vor der Amtseinführung gelogen zu haben, als er behauptete, während des Wahlkampfs „keine Kommunikation mit den Russen" gehabt zu haben. Es stellte sich heraus, dass auch er Kisljak getroffen hatte.

Die Regierung Trump war zwei Monate im Amt, als der FBI-Direktor James Comey mitteilte, sein Büro ermittle wegen angeblicher Verwicklung der Russen in den Wahlkampf. Er wurde entlassen. Im Oval Office gestand Trump dem russischen Botschafter und dem Außenminister, dass die Entlassung Comeys ihn von „großem Druck" befreit habe. Unter Eid sagte Comey vor dem Senat aus, Trump habe ihn gedrängt, die FBI-Ermittlungen gegen Flynn einzustellen, was einer Behinderung der Justiz gleichkam. Das Weiße Haus dementierte.

Als Nächstes kam heraus, dass Donald Trump Jr. während des Wahlkampfs die russische Anwältin Natalia Weselnitskaja im Trump Tower getroffen hatte. Sie behauptete, vernichtendes Material über Hillary Clinton zu besitzen. Auch Manafort und Trumps Schwiegersohn Jared Kushner waren bei diesem Treffen dabei. Seine im Wahlkampf geführte Korrespondenz mit Assange hatte Trump Jr. den Ermittlern bereits übergeben.

Mark Zuckerberg von Facebook sagte, er könne den Ermittlern 3000 mit Russland verknüpfte politische Anzeigen übermitteln, und Twitter sagte, es habe etwa 200 Accounts geschlossen, die mit einer russischen Plattform für Fehlinformationen verlinkt waren.

Muellers Ermittlungen dauern an. Was auch immer sie ergeben mögen, viele werden dabei bleiben, dass Trump seinen Sieg der Einmischung Russlands verdankte.

Wikileaks: Retourkutsche

Am 19. Juni 2012 betrat der Wikileaks-Gründer Julian Assange die ecuadorianische Botschaft in London und bat um politisches Asyl. Einen Monat später wurde es gewährt. Doch gegen Assange lag ein Haftbefehl vor. Er wurde beschuldigt, in Schweden Frauen sexuell belästigt zu haben. Britische Polizisten bewachten die Botschaft, und hätte Assange das Gebäude verlassen, wäre er nach Schweden ausgeliefert worden.

Die Schweden wiederum hätten ihn wahrscheinlich in die USA ausgeliefert, wo ihm eine Anklage wegen Spionage aufgrund des Chelsea-Manning-Falls drohte. Manning (geborener Bradley Edward) hatte Hunderttausende diplomatische Noten und anderes vertrauliches Material die Kriege in Afghanistan und im Irak betreffend gesammelt, die Wikileaks dann veröffentlicht hatte. In den USA hätte Assange die Todesstrafe drohen können. Obgleich er innerhalb der Botschaft auf einen einzigen Raum beschränkt war, wird vermutet, Assange hätte die amerikanischen Präsidentschaftswahlen von 2016 mithilfe der Russen beeinflusst. Wikileaks war gegründet worden, um Verschwörungen aufzudecken, jetzt wurde Assange beschuldigt, selbst in eine verwickelt zu sein.

Gegen Hillary

Assange hatte persönlichen Zoff mit Hillary Clinton. Er war überzeugt, sie habe seine Verfolgung betrieben, weil er die ihm von Manning zugespielten Notizen aus ihrer Amtszeit als Außenministerin bei Wikileaks publiziert hatte. Nachdem er Tausende davon gelesen hatte, befand er: „Hillary hat kein Urteilsvermögen; sie wird die USA in endlose, dumme Kriege treiben, die zur Ausbreitung des Terrorismus führen … Sie darf keinesfalls Amerikas Präsidentin werden."

Während der Vorwahl der Demokraten veröffentlichte Wikileaks weitere E-Mails aus Hillarys Privatserver, die dazu führten, dass man ihre Verhaftung forderte. Nachdem er Robert Preston von der britischen ITV News gegenüber zunächst eingeräumt hatte, Hillary

Julian Assange am Fenster der ecuadorianischen Botschaft in London. Aus Furcht, verhaftet zu werden, konnte er das Gebäude nicht verlassen, beeinflusste aber dennoch Ereignisse in aller Welt.

als persönliche Feindin zu betrachten, versuchte Assange nun, neutral zu erscheinen. Als der Konvent der Republikaner Donald Trump als seinen Kandidaten bestätigte, sagte er, die Wahl zwischen Trump und Clinton sei wie die zwischen Pest und Cholera – persönlich wolle er beide nicht. Obwohl das FBI bestätigte, dass Hillary mit ihren E-Mails „extrem unvorsichtig" umgegangen sei, wurde nie Anklage erhoben.

Doch das Außenministerium nahm seine Ermittlungen wieder auf, und Wikileaks veröffentlichte am Abend des Konvents der Demokraten E-Mails des Komitees der Demokraten (DNC), die belegten, dass es bei den Vorwahlen Clinton den Vorzug gegenüber ihrem Rivalen Sanders gab. Die Vorsitzende des DNC, Debbie Wassermann Schultz, trat daraufhin zurück.

Wo aber waren diese Mails hergekommen? Experten für Cybersicherheit behaupteten sogleich, Russen hätten das DNC gehackt. Bob Gourley, der ehemalige Chef des Sicherheitsbüros, sagte: „Der Softwarecode des Hacks hatte alle verräterischen Zeichen, die ihn als russisch auswiesen, darunter Codes, die auch schon bei früheren Hacks genutzt worden sind. Das ist ein dickes Ding. Manche der Experten sagen, die Russen würden sich als Hacker ausgeben und dann ihre Informationen als Teil einer größeren Operation an Julian Assange weiterleiten."

Auch die Sicherheitsfirma Crowstrike, die bereits Hacks im Weißen Haus, dem Pentagon und dem Auswärtigen Amt untersucht hatte, kam zu dem Schluss, dass die Russen das DNC gehackt hatten. Es gebe, so hieß es, „im Netzwerk des DNC zwei verschiedene, mit dem russischen Nachrichtendienst verbundene Kontrahenten". Assange revanchierte sich mit der Behauptung, Clinton löse eine „Hysterie wegen Russland" aus. „Es gibt für nichts einen Beweis", sagte er. „Wir haben unsere Quellen nicht genannt. Das Ganze ist ein vom Wahlteam Hillary Clintons gepushtes Ablenkungsmanöver."

Hillarys Hölle

Nun produzierte Wikileaks eine „Oktoberüberraschung" – eine schädliche politische Kampagne vor den Wahlen Anfang November: Es veröffentlichte die E-Mails von John Podesta, dem Manager der Clinton-Kampagne. Dann entdeckte das FBI im Zuge einer Ermittlung wegen eines Sexskandals weitere Mails auf einem Laptop von Anthony Weiner, Ehemann der Clinton-Wahlhelferin Huma Adebin. Die *Washington Post* wies darauf hin, dass die Sache mit Hillarys E-Mails immer dann zum Pressethema wurde, wenn sie in Führung ging. „Vielleicht", so die Mutmaßung der Zeitung, „ist Wikileaks der wahre Schuldige, der strategisch gezielt E-Mails veröffentlicht und so jedes Mal die Aufmerksamkeit der Medien erzwingt, wenn Clinton vorn liegt."

Während des zweiten TV-Duells der beiden Kandidaten beschuldigte Clinton russische Hacker auf Anweisung Putins über Wikileaks Informationen eingestreut zu haben, um die Wahl zugunsten von Trump zu beeinflussen.

In seiner Antwort darauf weigerte sich Trump, Putin zu verdammen, sagte aber auch, Hacking, ob von den Russen oder sonst jemand, würde er nicht billigen. Assange verteidigte Wikileaks mit den Worten: „Wir veröffentlichen Material, das man uns gibt, wenn es von politischer, diplomatischer, historischer oder ethischer Bedeutung ist und bisher nirgendwo anders publiziert wurde."

War die Veröffentlichung der Clinton-E-Mails also Teil einer von Putin angezettelten Verschwörung, um Trump den Wahlsieg zu sichern? Assange ist anderer Ansicht. Er beharrt darauf, Wikileaks habe die Mails vom DNC erhalten, aber keine vom Trump-Team, und was sie nicht hätten, könnten sie auch nicht veröffentlichen. Nach Trumps

Wahlsieg wies Barack Obama 35 russische Diplomaten aus als Vergeltung für das angebliche Hacken von E-Mail-Accounts der Partei der Demokraten. Assange beschuldigte Obama daraufhin, er versuche, „die Trump-Regierung zu delegitimieren". Indem sich Hillary Clinton ins Privatleben zurückzog und Donald Trump seine Politik der Wiederannäherung an Moskau fortsetzte, schien Assange einen Sieg davongetragen zu haben – doch dürfte er den süßen Duft des Erfolges nicht wirklich genossen haben, denn während Trump ins Weiße Haus einzog, hockte er weiterhin in einem Zimmer der ecuadorianischen Botschaft.

Edward Snowden: Big Brother is watching you

Der als Whistleblower bekannt gewordene Edward Snowden enthüllte, dass der amerikanische Geheimdienst NSA, dem er selbst angehört hatte, einige der engsten Verbündeten der USA, darunter Frankreich, Deutschland, Spanien, Mexiko, Brasilien und China, ausgespäht hatte, ja sogar Großbritannien, dessen Government Communications Headquarters (GCHQ) durch das „Fünf-Augen-Abkommen" eng mit der NSA, Kanada, Australien und Neuseeland zusammenarbeitete. Auch die Telefone von 122 Regierungschefs wurden angezapft, darunter das von Angela Merkel. Tatsächlich überwachten NSA und GCHQ in einem weltweit gespannten Netz die Anrufe, Faxe und E-Mails zahlloser Individuen, Firmen und Institutionen, einschließlich ihrer eigenen Bürger.

Snowden war seit 2006 als Spitzenkraft für Computertechnik beim CIA in dessen Zentrale in Langley, Virginia, tätig. Nach zehn Monaten wurde er von dort nach Genf versetzt, wo er Tricks der Geheimdienstbranche lernte – etwa, wie man „Opfer" so betrunken macht, dass sie in einer Ausnüchterungszelle landen, aus der man sie dann gegen Kaution herausholt, sodass sie einem aus Dankbarkeit Informationen liefern.

2009 wechselte Snowden zu Dell, einem Auftragnehmer der NSA, und landete in dessen Büros beim Luftwaffenstützpunkt Yokota vor den Toren Tokios. Dort lehrte er militärisches Personal, seine Netzwerke vor Angriffen chinesischer Hacker zu schützen, bekam aber auch Zugriff auf NSA-Monitore, auf denen er verfolgen konnte, wie Menschen in den Kriegsgebieten des Mittleren Ostens durch Drohnen des Militärs und der CIA gezielt getötet wurden. Außerdem erfuhr er von den Überwachungsmöglichkeiten der NSA: Durch das Anzapfen von Smartphones, Computern und elektronischen Geräten kann der Dienst das Bewegungsprofil fast jedes Menschen in einer Stadt erstellen.

Schnüffelstaat

Drei Jahre später in ein CIA-Büro auf Hawaii versetzt, von wo aus angeblich Aktivitäten in China und Nordkorea überwacht wurden, erkannte Snowden, dass es sich tatsächlich um ein globales Austauschzentrum handelte, das unter anderem Kommunikationsinhalte – sowie Metadaten – aus Millionen von E-Mails und Telefonaten von Palästinensern und arabischstämmigen Amerikanern den Israelis zuspielte. Es wurde kein Versuch gemacht, deren Identitäten zu schützen, obwohl sie vielleicht Verwandte hatten, die in den besetzten Gebieten lebten und aufgrund der mitgeschnittenen Daten in Gefahr kommen konnten. Auch die Angewohnheit politisch radikaler Personen, am PC Pornos anzuschauen, wurden ausgespäht, um sie erpressen zu können. Snowden gibt an, sich bei seinen Vorgesetzten über diese illegalen Praktiken beschwert zu haben. Als nichts unternommen wurde, begann er, Dateien herunterzuladen, die er den Medien zuspielen wollte. Nach Fort Meade, einer weiteren Außenstelle der NSA, versetzt, fuhr Snowden fort, Belege für deren illegale Überwachungsmachenschaften zu sammeln.

Verräter oder Patriot?

Snowden sagte, für ihn sei das Maß voll gewesen, als er erlebte, wie der unter Eid vor dem Kongress aussagende Direktor des Nachrichtendienstes, James Clapper, dreist log. Am 12. März 2013 von Senator Ron Wyden gefragt: „Sammelt die NSA irgendwelche Daten von Millionen oder sogar Hunderten von Millionen Amerikanern?", hatte Clapper geantwortet: „Nein, Sir … Nicht wissentlich. Es mag Fälle geben, wo vielleicht unabsichtlich was gesammelt wird, aber nicht wissentlich."

Snowden wusste, das war gelogen. Die NSA verfolgte nahezu jedes in Amerika geführte Telefonat, sie verwanzte die Büros der Europäischen Union in Washington und Brüssel und zapfte zusammen mit der GCHQ die wichtigsten Kommunikationskabel des europäischen Kontinents an. 38 Botschaften standen als Überwachungsobjekte auf der Liste, darunter die von Alliierten wie Frankreich, Japan und Mexiko. Als „Infrastruktur-Analyst" war es Snowdens Aufgabe, neue Methoden zu entwickeln, in Telefon- und Internetanschlüsse weltweit einzubrechen. So bekam er Zugang zur Liste der weltweit von der NSA gehackten Anschlüsse. Auch fand er heraus, dass die NSA nicht nur schwindelerregende Mengen von Daten hortete, sie hatte auch Cyberwaffen entwickelt, mit denen sie, nötigenfalls, angreifen konnte. So hatten NSA und Israel gemeinsam den Computervirus Stuxnet entwickelt, der das Atomprogramm des Iran lahmlegte.

Edward Snowden war kein politisch radikaler Aufklärer, aber als er erlebte, dass sein Vorgesetzter bei seiner eidesstattlichen Aussage vor dem Kongress gelogen hatte, entschloss er sich, die geheimen Machenschaften von NSA und GCHQ publik zu machen.

Auf der Flucht

Im Mai 2013 flüchtete Snowden mit vier Laptops mit den heruntergeladenen Dateien nach Hongkong, wo er anfing, Journalisten zu informieren. Am 6. Juni berichtete der *Guardian,* die NSA habe von der Überwachungsbehörde des Auslandsnachrichtendienstes die Erlaubnis erwirkt, die Telefongespräche der Millionen von Kunden des US-Telefongiganten Verizon zu sammeln. Am nächsten Tag berichteten der *Guardian* und die *Washington Post,* die NSA habe Zugang zu den Systemen der US-Internetriesen Google und Facebook und sammle mithilfe eines geheimen Überwachungsprogramms namens Prism bereits seit 2007 deren Daten, darunter E-Mails, Live-Chats und Suchverläufe. Auch der GCHQ habe Zugang zu Prism.

Dann enthüllte der *Guardian* die Existenz eines weiteren Programms namens Boundless Informant, das Analysten nutzen, um durch Zählung von Metadaten die weltweiten Datensammlungsaktivitäten der NSA zusammenzutragen. Es zeigte sich, dass die NSA mehr Informationen über Amerikaner in den Staaten sammelte als über Russen in Russland – ungeachtet der wiederholt vor dem Kongress abgegebenen Versicherungen, mit der Fülle der Daten gar nicht Schritt halten zu können.

In den USA wurde Snowden als Verräter gebrandmarkt und wegen Spionage und Diebstahl angeklagt. Ecuador bot ihm Asyl, doch die USA erklärten seinen Pass für ungültig, sodass er beim Umsteigen in Moskau im Transitbereich des Flughafens Scheremetjewo strandete, wo er 39 Tage lang blieb, bis ihm Russland Asyl gewährte. Trotz Versuchen, ihn zum Schweigen zu bringen, kamen weitere Beweise dafür ans Licht, dass NSA und GCHQ auf globaler Ebene Ausspähungen beispiellosen Ausmaßes von Freund und Feind gleichermaßen betreiben.

Flug MH370:
Das große Verschwinden

Am 8. März 2014 hob Flug MH370 der Malaysia Airlines vom Flughafen in Kuala Lumpur ab, um mit 239 Menschen an Bord nach Peking zu fliegen. Eine Stunde nach Abflug brach der Funkkontakt ab, und die Maschine verschwand vom Radarschirm des Fluglotsen. Später stellte sich heraus, dass die Maschine auf dem Radar des malaysischen Militärs weiter sichtbar blieb. Sie flog westwärts über die Malaiischen Halbinsel und dann nordwärts über die Straße von Malakka Richtung Andamanensee.

Eine spätere genaue Analyse der Satellitenkommunikation der automatischen Systeme des Fliegers ließ allerdings vermuten, dass er südwärts abgedreht hatte. So suchte man nun im südlichen Indischen Ozean. Am 29. Juli 2015 fand man an der Küste der Insel Réunion, rund 4000 Kilometer westlich des eigentlichen Suchgebiets, das Teilstück einer Tragfläche der Maschine. Seither wurden weitere Wrackteile der vermissten Maschine an der Küste Ostafrikas entdeckt. Ozeanografen hatten vorausgesagt, dass die Meeresströmung die Trümmer dorthin transportieren würde. Doch die dreijährige, 130 Millionen

Dollar verschlingende Suche auf dem Meeresboden der Gegend, die als Absturzstelle der Boeing 777 vermutet wurde, blieb erfolglos.

Doch warum wurden keine Überreste gefunden, von denen man erwarten durfte, dass sie auf dem Wasser treiben würden – gepolsterte Sitze, Schwimmwesten, Gepäckstücke, selbst Leichen?

Merkwürdige Ereignisse

Diese Frage ließ eine Reihe von Theorien aufkeimen. Eine schiefgelaufene Entführung, Selbstmord des Piloten, Abschuss der Maschine durch Aliens oder Militär, wie drei Monate später bei Flug MH17 über der Ukraine, zog man in Erwägung. Die abgehobenste Erklärung lieferte Luftfahrtexperte Jeff Wise, der die CNN-Berichterstattung über den Fall leitete. Für ihn stand im Mittelpunkt, dass 20 Angestellte von Freescale Semiconductors an Bord gewesen waren, einer auf geheime Technologien spezialisierten Firma.

Wise zufolge soll die Maschine ursprünglich von der Andamenensee aus Richtung Norden geflogen sein. Auch hatte der malaysische Regierungschef Najib Razak den Präsidenten von Kasachstan, Nursultan Nasarbajew, der gute Beziehungen zu Wladimir Putin unterhält, um die Erlaubnis gebeten, die Suche in Kasachstan aufzunehmen. Erst später wurde angenommen, die Boeing habe südlichen Kurs genommen und sei über einer der abgelegensten Stellen in den Indischen Ozean gestürzt. Als sie die Satellitendaten noch einmal gründlich prüften, kamen Wise und ihm zustimmende andere Luftfahrtexperten zu dem Schluss, den Satelliten seien gefälschte Daten übermittelt worden, während die Maschine Richtung Norden geflogen sei.

Laut Passagierliste befanden sich auch zwei Männer aus der Ukraine an Bord, die aus der ehemaligen sowjetischen Marinebasis Odessa ka-

Das Verschwinden von Flug MH370 gilt inzwischen als „das größte Rätsel der Luftfahrtgeschichte". Wie konnte die Maschine von so vielen Radarsystemen der Gegend unentdeckt bleiben?

men, sowie ein Russe, dessen Hobby das Gerätetauchen war. Während dieser seinen Platz vorn in der Businessclass hatte, saßen die Ukrainer im Economybereich.

Wise vermutet nun, dass der Russe mit seiner Tauchausrüstung – inklusive drei kompletten Druckluftflaschen – an Bord kam. Sobald die Maschine ihre Flughöhe erreicht hatte und das Personal anderweitig beschäftigt war, schlüpfte er in die kleine, nach der dort untergebrachten Elektronik und Ausrüstung (equipment) benannten E/E-Kabine, die in einer Boeing durch eine Luke im Vorderbereich der ersten Klasse erreicht werden kann. Von hier aus konnte er sämtliche Systeme des Fliegers manipulieren.

Zuerst müsste er die gesamte Kommunikation ausgeschaltet haben, dann die mitgebrachte tragbare elektronische Ausrüstung angeschlossen haben, um die falschen Satellitendaten hochzuladen. Von der E/E-Kabine aus konnte er auch die Sauerstoffversorgung abschalten, während er und seine Komplizen sich über die Tauchermasken mit Sauerstoff versorgten.

Job aus dem Hinterhalt

Die Cockpitcrew musste zwar bemerken, dass etwas schieflief, konnte aber nichts dagegen unternehmen. Keine ihrer Checklisten enthielt eine Anweisung, was zu tun war, falls sich ein Entführer Kontrolle über die E/E-Kabine verschaffte, von der aus auch die Vorrichtung zur Verriegelung der Cockpittür manipuliert werden konnte. Nachdem die Tür geöffnet war, konnten die beiden Ukrainer ins Cockpit und die Maschine übernehmen.

Während Crew und Passagiere aus Sauerstoffmangel das Bewusstsein verloren, flog die Maschine Richtung Norden entlang der malaysisch-thailändischen Grenze, wo kaum damit zu rechnen war, dass jemand nach einem desertierten Flugzeug suchte.

Wise vermutet, dass der Weiterflug von MH370 nicht in südlicher Richtung erfolgte, sondern, im Gegenteil, Richtung Norden nach Kasachstan fortgesetzt wurde. In dieser ehemaligen Sowjetrepublik befindet sich das von den Russen gepachtete Sondergebiet Baikonur, von dem aus die Russen ihre Raketen ins All schießen, um ihre Raumstation zu versorgen. Baikonur verfügt über eine rund 4,5 Kilometer lange Landebahn, auf der die Buran-Raumflugzeuge landen konnten, die sowjetische Version des Space Shuttle, die aber seit 1993 nicht mehr zum Programm gehören. Die Landebahn von Baikonur ist die einzige weltweit, die speziell für selbstlandende Flugobjekte gebaut wurde, und die Boeing 777 hat ein Selbstlandesystem. Das heißt, sogar jemand, der kaum Flugerfahrung hat, kann hier eine Maschine sicher landen.

Die schlichte Wahrheit?

Allerdings liegt Baikonur in einer flachen, baumlosen Ebene; kein guter Ort, um ein Ding von der Größe eine Boeing 777 verschwinden zu lassen, und bis Sonnenaufgang wären den Entführern dafür nur 90 Minuten Zeit geblieben. Bei einem Blick auf die Satellitenbilder von Baikonur entdeckte Wise die Überreste eines Gebäudes, das man nach Beendigung des Buran-Programms eingerissen hatte. Es hatte etwa die Größe einer Boeing 777; unter dem verbliebenen Geröll hätte man die Maschine verbergen können.

Wise gibt zu, kein Motiv für die Entführung bieten zu können. Doch erinnert er daran, dass bereits im Zweiten Weltkrieg Sowjets und Amerikaner Personen mit Spezialkenntnissen entführten, um deren Wissen auszubeuten. Wenn die Entführer die Kabine rechtzeitig wieder mit Atemluft versorgt haben, dann könnten jetzt 20 Angestellte von Freescale an den neuesten geheimen Camouflage-Systemen für die Russen arbeiten.

Gareth Williams: Die Leiche in der Sporttasche

Am Montag, dem 23. August 2010, erschien der bei dem üblicherweise als MI6 bezeichneten britischen Geheimdienst als Code-Knacker angestellte Gareth Williams nicht zum Dienst. Seit mehr als einer Woche hatte ihn niemand gesehen.

Die Polizei wurde zu dem Appartement im Londoner Stadtteil Pimlico geschickt, in dem Williams lebte. Nachdem sich die Polizisten gewaltsam Zutritt verschafft hatten, fanden sie eine nackte, bereits verwesende Leiche in einer roten Sporttasche, die von außen mit einem Vorhängeschloss gesichert war. Der Schlüssel dafür fand sich jedoch in der Tasche unter Williams Leiche. Der Körper wies keine Verletzungen auf, auch gab es keine Anzeichen für einen Kampf gegen Angreifer oder für einen Versuch zu entkommen.

In ein Geheimnis gehüllt

Die Tasche stand in der Badewanne, doch auf dem Wannenrand konnten weder Finger- noch Fußabdrücke oder DNA-Spuren von

Williams entdeckt werden. Auch nicht an dem Schloss und dem Reisverschluss, und Williams trug auch keine Handschuhe. Es gab keine Anzeichen für einen Einbruch, doch trotz der hochsommerlichen Hitze war die Heizung angeschaltet, was die Verwesung beschleunigt hatte. Eine erste Obduktion erbrachte keine Erkenntnisse, und der Toxikologe konnte keine Spuren von Alkohol oder Drogen nachweisen. Offenbar war nichts aus der Wohnung entwendet worden. Ein Pärchen, das beim Verlassen des Gebäudes gesehen worden war, musste als unbeteiligt an der Angelegenheit eingestuft werden.

Angehörige von Williams vermuten, dass sein Tod mit seiner Tätigkeit beim Geheimdienst zusammenhängt und dass Fingerabdrücke und alle anderen Spuren sorgfältig entfernt wurden. Auch die Behörden waren extrem interessiert am Gang der Ermittlungen. Außenminister William Hague stellte eine Immunitätserklärung aus, die eine Geheimhaltung der Arbeit von Williams gewährleistete und die Mitarbeiter der amerikanischen NSA und des FBI, die mit Williams gearbeitet hatten, von der Zeugenpflicht entbanden. Der Geheimdienstchef Sir John Sawers traf sich mit dem Chef der Metropolitan Police, Sir Paul Stephenson, um mit ihm zu besprechen, wie und unter wessen Leitung die Ermittlungen erfolgen sollten.

Das Mysterium wird größer

Die amtliche Leichenbeschauerin und Untersuchungsrichterin Dr. Fiona Wilcox hatte Einwände gegen die Art, wie die Polizei den Fall handhabte. Die Beamten der Terrorismusabwehr (SO15), deren Aufgabe es gewesen wäre, Zeugen des Sicherheitsdienstes zu befragen, hielten Informationen zurück, die der mit dem Fall betrauten Beamtin, Detective Chief Inspector Jackie Sebire, hätten zugestellt werden müssen.

Wilcox beklagte auch, wie mit einem der Williams gehörenden iPhones umgegangen worden war, das man in seinem Schreibtisch gefunden hatte, und das Bilder von ihm selbst – nackt in Stiefeln – enthalten hatte, die aber inzwischen gelöschte worden waren. Auch ein im Wohnzimmer gefundenes iPhone war völlig gelöscht worden. Den Gerichtsmedizinern wurde vorgeworfen, DNA-Kontaminierungen verschuldet zu haben, und die Untersuchungsrichterin ihrerseits wurde gerügt, weil sie versäumt hatte, die Polizeibeamten über eine von ihr angeordnete zweite Obduktion zu informieren.

Beweise dafür, dass Williams ein Faible für Bondage und Cross-Dressing gehabt hatte, galten Wilcox als irrelevant. Williams habe nur selten Bondage-Seiten im Internet besucht, auch sei er ja ungefesselt und nackt und nicht in Frauenkleidern in der Tasche gefunden worden.

Ebenfalls verwarf sie die Annahme, Williams habe sich selbst um eines autoerotischen Kicks willen in der Tasche eingeschlossen. Williams sei, so Wilcox, ein „pingeliger Sachverständiger in Sachen Risiko" gewesen. Hätte er sich selbst in der Tasche eingeschlossen, hätte er ein Messer dabeigehabt, um sich notfalls befreien zu können. Ihre Schlussfolgerung lautete, Williams sei wahrscheinlich lebend in die Tasche gekommen, aber kurz darauf erstickte, entweder durch Hyperkapnie, eine äußere CO_2-Vergiftung oder die Einwirkung eines anderen schnell wirkenden, flüchtigen Gifts. In ihrem Urteil, das keine individuelle Täterschaft feststellte, beschränkte sie sich auf die Annahme, dass „ein Dritter die Tasche in die Wanne stellte und nach Abwägung der Wahrscheinlichkeiten auch verschloss", also war Williams, wiederum nach Abwägung der Wahrscheinlichkeiten, ermordet worden.

Scotland Yard setzte seine Ermittlungen noch ein Jahr lang fort und blieb dann bei seiner ursprünglichen Erklärung: Williams war zum

Zeitpunkt seines Todes allein, hatte sich selbst in der Tasche eingeschlossen und war gestorben, weil er sich nicht mehr hatte befreien
können. Das widersprach der Ansicht der Untersuchungsrichterin
und wurde auch von Experten für höchst unwahrscheinlich gehalten.

Neue Behauptungen

Dann tauchten Gerüchte auf, Williams hätte in Zusammenarbeit mit
der NSA die Spur von Geldern verfolgt, die von der russischen Mafia aus Moskau ausgeschleust wurden. Autos der russischen Botschaft
waren wenige Tage vor dem Fund der Leiche nahe dem Appartement
in Pimlico gesehen worden. Und es gab Hinweise, dass nach dem Lei-
chenfund jemand durch ein Oberlicht in die Wohnung eingedrungen
war und sich an Beweismitteln zu schaffen gemacht hatte.

Der inzwischen in Großbritannien lebende KGB-Aussteiger Boris
Karpichkow behauptete, Williams habe einen russischen Agenten
im MI6 enttarnt, nachdem sein Versuch, ihn durch Erpressung zum
Doppelagenten zu machen, gescheitert war. Dafür musste er sterben,
und zwar durch ein flüchtiges Gift, das man ihm ins Ohr tropfte.
Dann drehte man die Heizung auf, um die Verdunstung des Gifts zu
beschleunigen.

Es wurde aber auch spekuliert, der Geheimdienst selbst habe Williams beseitigt, weil er ein Whisteblower gewesen sei. Durch die enge
Zusammenarbeit von Geheimdienst und Polizei, wäre das leicht zu
vertuschen gewesen.

Alexander Litwinenko:
Tod eines Doppelagenten

Alexander Litwinenko war ein Ehrgeizling beim sowjetischen Geheimdienst KGB und tat sich in dessen Nachfolgeorganisation FSB besonders hervor. Durch seine Tätigkeit bei der Abwehr traf er mit dem Oligarchen Boris Beresowski zusammen, was dem Direktor des FSB, Wladimir Putin, nicht behagte, denn Litwinenko zufolge sollte Beresowski vom FSB beseitigt werden. Litwinenko gab eine Pressekonferenz, in der er öffentlich machte, dass Beresowski sowie sein gleichfalls abtrünniger Geheimdienstkollege Michail Trepaschkin ermordet werden sollten. Daraufhin wurde Litwinenko aus dem FSB entlassen, und Putin sagte: „Ich habe ihn gefeuert und seine Abteilung aufgelöst ... denn FSB-Mitarbeiter sollten keine Pressekonferenzen geben. Das ist nicht ihr Job. Interne Skandale haben sie nicht öffentlich zu machen."

Um der Verhaftung zu entgehen, floh Litwinenko mit seiner Familie in die Türkei, wo er bei der US-Botschaft um Asyl bat. Da es ihm verweigert wurde, floh er nach Großbritannien, das ihm 2001 Asyl gewährte. 2006 wurde er britischer Staatsbürger.

Spion im Exil

In Großbritannien schloss er sich Beresowski an, der wegen seiner Kampagne gegen Putin ebenfalls hierhin geflohen war, und er arbeitete für den MI6, was der Dienst aber traditionsgemäß nicht zugibt. In seinem Buch *Blowing Up Russia* behauptet Litwinenko, russische Sicherheitsdienste wären 1999 an einem Coup beteiligt gewesen, um Putin an die Macht zu bringen, in dessen Zuge auch Wohnblocks bombardiert wurden, wobei mehr als 300 Menschen umkamen. Auch sollen FSB-Agenten in Dagestan Leute von al-Qaida trainiert haben und an den Ereignissen von 9/11 beteiligt gewesen sein. 2002 wurde Litwinenko in Russland in Abwesenheit zu dreieinhalb Jahren Haft verurteilt, und Trepaschkin, selbst in Haft, warnte ihn, dass der FSB ihn umbringen wolle.

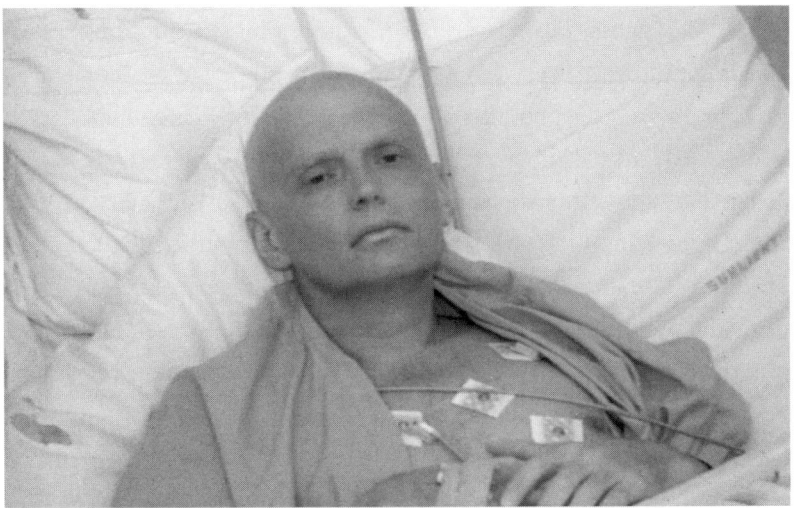

Die Spur des Plutoniums, mit dem man Aleksandr Litwinenko vergiftet hatte, führte nach Russland zurück und vielleicht sogar direkt zu Wladimir Putin.

In einer Reihe von Zeitungsartikeln behauptete Litwinenko, der FSB wäre 2002 an dem Überfall auf ein Moskauer Theater beteiligt gewesen, 2004 an dem Schulmassaker in Beslan sowie an zahlreichen anderen Terrorakten. Auch soll Romano Prodi, ehemaliger Ministerpräsident Italiens, für den KGB gearbeitet haben. Doch mit seiner schwerwiegendsten Behauptung beschuldigte er Putin, inzwischen Präsident der Russischen Föderation, die Ermordung der kritischen Journalistin Anna Politkowskaja angeordnet zu haben, ja dass er in den Verkauf von Drogen involviert und ein Pädophiler sei.

Schicksalhaftes Treffen

Am 1. November 2006 traf sich Litwinenko mit den ehemaligen KGB-lern Andrei Lugowoi und Dmitri Kowtun in der Pine Bar des Millennium Hotel in Mayfair. Dann aß er mit dem italienischen Atommüll-experten Mario Scaramella im Sushi-Restaurant Itsu und litt danach an Durchfall und Erbrechen, konnte nicht mehr laufen und wurde ins Krankenhaus gebracht. Wegen schmerzender Blasen im Schlund konnte er kaum schlucken, geschweige denn sprechen. Zunächst lachte das Krankenhauspersonal über Litwinenkos Verdacht, vergiftet worden zu sein, doch als er seine Identität offenbarte, schaltete man Scotland Yard ein und schloss sich der Vermutung an, es könne sich um eine Thalliumvergiftung handeln. Bald fielen ihm die Haare aus, und zu einem Bild, das ihn auf dem Totenbett zeigt, sagte er: „Die Welt soll sehen, was man mir antat." Mit seinen letzten Worten erklärte er Wladimir Putin zum Schuldigen an seinem Tod.

Alexander Litwinenko starb am 22. November an Herzversagen. Die Obduktion ergab, dass er mehr als das 200-Fache der tödlichen Dosis des radioaktiven Elements Polonium im Körper hatte.

Laut Scotland Yard gab es drei verfolgbare Spuren dieses Elements, die mit Litwinenko, Lugowoi und Kowtun verknüpft waren, und die Passagiere des Flugzeugs, die mit Letzteren nach Moskau geflogen waren, wurden aufgefordert, sich medizinisch untersuchen zu lassen. Britische Atomwaffenexperten konnten die Quelle des Poloniums im Atomkraftwerk Osersk nahe der Stadt Tscheljabinsk orten.

Verweigerte Gerechtigkeit

Die britische Regierung forderte von Russland die Auslieferung Lugowois, den man gerichtlich befragen wollte, doch sie wurde verweigert. Gegen Kowtun wurde in Deutschland wegen Plutoniumschmuggels ermittelt, doch 2009 wurden die Nachforschungen eingestellt.

Es scheint ziemlich klar, warum Litwinenko ermordet wurde. Zwei Tage nach seinem Tod sagte der Abgeordnete Sergei Abeltsew in der Duma: „Den Verräter ereilte die verdiente Strafe. Ich bin sicher, sein schrecklicher Tod wird allen Verrätern eine ernste Warnung sein, wo immer sie auch sein mögen. In Russland gibt es für Verrat kein Pardon. Ich rate Beresowski, bei der Gedenkfeier für seinen Komplizen Litwinenko nichts zu essen!"

Der US-Sicherheitsanalyst Paul Joyal, der die Vermutung bestätigte, Litwinenko sei zur Warnung aller Putinkritiker getötet worden, wurde selbst vor seinem Haus in Maryland erschossen. Und Boris Beresowski wurde, nachdem er verschiedene Attentatsversuche überlebt hatte, am 23. März 2013 tot in seinem Haus in Sunninghill nahe Ascot aufgefunden. Trotz der ungeklärten Umstände seines Todes ging die Polizei von Suizid aus.

Lugowoi und Kowtun verneinten jegliche Verwicklung in den Fall Litwinenko, doch eine der Presse zugespielte geheime US-Nachricht besagte, dass man in dem Auto, das Kowtun in Hamburg benutzt hatte, sowie in seiner dortigen Wohnung Spuren von Plutonium gefunden hatte.

Der Giftanschlag von Salisbury

In einem ähnlichen Fall wurden der ehemalige Mitarbeiter des russischen Militärgeheimdienstes und britische Spion Sergei Skripal sowie dessen Tochter Yulia am 04. März 2018 in Salisbury, England, mit dem Nervengas Novichok vergiftet. Das in Russland entwickelte Novichok gilt als eines der tödlichsten Nervengifte.

Sergei Skripal war Offizier des russischen Zentralgeheimdienstes GRU und arbeitete von 1995 bis zu seiner Inhaftierung 2004 als Doppelagent für den britischen Geheimdienst. Nachdem er des Hochverrats angeklagt worden war, wurde er zu dreizehn Jahren Haft in einer Strafkolonie verurteilt. Im Zuge eines Agentenaustausches wurde er 2010 aus der Haft entlassen und ließ sich in England nieder. Yulia blieb in Russland, besuchte ihren Vater jedoch. Einer Theorie zufolge wurde sie vom russischen Geheimdienst dazu missbraucht, das tödliche Gift zu übertragen.

Großbritannien behauptete, der russische Geheimdienst habe den Giftanschlag auf Anweisung Vladimir Putins ausgeführt. Anschließend wurden 16 russische Diplomaten des Landes verwiesen, woraufhin Russland ähnlich reagierte. Als Zeichen ihrer Unterstützung für Großbritannien wiesen 20 weitere Länder russische Diplomaten aus. Während Russland England offen unterstellte, selbst über Mittel und Motive für Skripals Vergiftung zu verfügen, bekräftigte es weiterhin, nichts mit den Giftanschlägen zu tun zu haben.

Anders Breivik und
die Tempelritter

Am 22. Juli 2011 explodierte in Oslo um 15.35 Uhr Ortszeit ein mit Sprengstoff bestückter VW-Bus vor den Büros des norwegischen Ministerpräsidenten und des Justizministers. Acht Menschen kamen ums Leben, weitere acht wurden schwer und mehr als 200 leichter verletzt. Angerichtet hatte das Blutbad der 32 Jahre alte Anders Behring Breivik, ein selbsternannter Faschist und Nationalsozialist, der kurz vor der Tat ein 1500 Seiten umfassendes Manifest ins Internet gestellt hatte, in dem er behauptete, eine Verschwörung von Feministinnen, Moslems und „Kulturmarxisten" drohe, die europäische Kultur zu zerstören.

90 Minuten nach der Explosion nahm der als Polizist verkleidete und mit einem halbautomatischen Gewehr und einer 9-mm-Pistole bewaffnete Breivik die Fähre zur Insel Utøya, wo die Jugendorganisation der Arbeiterpartei ihr jährliches Sommerlager abhielt. Zunächst erschoss Breivik den Leiter des Lagers und die Sicherheitsbeamten, dann ballerte er wahllos um sich und tötete Jugendliche auf der Insel und solche, die, um sich zu retten, ins Wasser gesprungen waren. Zu Hilfe kommende Schiffer zogen blutende Jugendliche aus dem Wasser.

Roter Alarm

Innerhalb von Minuten waren die Behörden informiert, doch die Notfallrettung hatte keine Hubschrauber, um auf die Insel zu kommen. Also wurde per Auto ein Sonderkommando losgeschickt, das zunächst auf Boote warten musste. Das Kommando erreichte die Insel erst mehr als eine Stunde, nachdem Breivik angefangen hatte zu schießen.

So konnte er zu denen zurückzukehren, die nur verwundet waren, und sie gnadenlos erschießen. Einen Elfjährigen, dessen Vater schon tot war, verschonte er, als dieser jammerte, er sei zu jung zum Sterben. Auch ein 22-Jähriger flehte erfolgreich um sein Leben, doch die meisten Jugendlichen fanden keine Gnade.

Zweimal wählte Breivik während des Massakers die Notrufnummer und sagte, er wolle sich ergeben, feuerte dann aber weiter. Als das Sonderkommando eintraf, kam er mit erhobenen Händen aus einem Waldstück.

„Es war eine normale Festnahme", sagte Haavard Gaasbakk, Leiter des Teams. Einige hätten ihn nur zu gern erschossen, er hätte ja einen Sprengstoffgürtel tragen können, beherrschten sich aber.

Entsetzlicher Blutzoll

69 Menschen waren umgekommen, das jüngste Opfer war 14. Etwa 110 Menschen wurden verletzt. Wenigstens 186 Schuss hatte Breivik abgegeben; er hatte aber noch immer jede Menge Munition übrig.

Obwohl er zunächst zugab, „das größte Monster seit Quisling zu sein" – er meinte den norwegischen Präsidenten Vidkun Quisling, der während des Zweiten Weltkriegs mit den Deutschen kollaborierte –, schlug er bald andere Töne an, nannte sich selbst „Europas perfektesten Kämpfer seit dem Zweiten Weltkrieg" und Norwegens zukünftigen Regenten.

In einem sechs Stunden vor dem Massaker ins Netz gestellten Video erinnerte Breivik an die Tempelritter – einen während der Kreuzzüge gegründeten christlichen Ritterorden. Selbst posierte er darin mal in einer mit Ordensbändern geschmückten Uniform, dann in einem Tauchanzug mit automatischer Waffe.

Rechtsextremer Irrsinn

Während der ersten Befragung gab Breivik an, einem neuen Templerorden anzugehören, der im April 2002 in London gegründet worden sei. Außer ihm seien zwei Engländer sowie je ein Deutscher, Niederländer, Grieche, Russe und Serbe Mitglieder. Rechtsextreme Organisationen wie die britische English Defense League distanzierten sich von Breivik und seinen Taten.

Bis 2008 sei die Zahl der „Ritter der Gerechtigkeit" auf 15 bis 80 Personen angestiegen, unterstützt von einer unbekannten Zahl von Gesinnungsgenossen, behauptete Breivik. Ziel dieser und anderer extremistischer Zellen sei es zu verhindern, dass „die norwegische und die anderen europäischen Gesellschaften völlig ausgelöscht werden". Sofern es um dieses Ziel gehe, sei er bereit, weitere Details preiszugeben. Seine Forderung konnte natürlich nicht erfüllt werden.

Aus Furcht, man könne ihn für geisteskrank halten, erwähnte Breivik die Tempelritter vor Prozessbeginn kaum noch, insistierte aber, dass es den Orden gebe. Da er aus „Notwenigkeit" gehandelt habe, erklärte er sich für nicht schuldig und bestand darauf, in seiner Eigenschaft als Tempelritter „Gutes" gewirkt zu haben.

Während des Prozesses schickte jemand, der behauptete, Breiviks Stellvertreter in einer Zelle zu sein, die sich die „Norwegische Widerstandsbewegung" nannte, eine E-Mail an Politiker und Zeitungen, mit der Forderung nach der Freilassung Breiviks. Es hieß darin: „… ich zolle, zusammen mit meinen Soldaten, unserem Volk, unserer Kultur, unseren ethnischen Wurzeln höchsten Respekt und warne alle Anwälte des Multikulturalismus davor, uns in unserem Kampf zu behindern. Es ist Zeit, dass wir und unser Kommandeur Breivik in der politischen Landschaft Norwegens und Europas gebührende Anerkennung erhalten."

Die wichtigste Frage im Prozess war die nach der Zurechnungsfähigkeit Breiviks. Am 24. August 2012 wurde er für geistig gesund erklärt und zu 21 Jahren Haft – in Norwegen die Höchststrafe – mit anschließender Sicherheitsverwahrung verurteilt.

9/11: Der 11. September 2001

Die Anhänger von Verschwörungstheorien weisen immer wieder darauf hin, dass sich die Regierung der Vereinigten Staaten lange Zeit geweigert hat, eine vollständige Untersuchung der Ereignisse des 11. Septembers 2001 durchführen zu lassen. Dick Cheney lehnte eine Untersuchung der Angriffe anfangs sogar komplett ab. Er war der Ansicht, dass das Personal und die Ressourcen, die für eine solche Studie benötigt wurden, beim eigentlichen Kampf gegen den Terror fehlen würden. Es dauerte über ein Jahr, bis die offizielle Untersuchung begann. Die Untersuchungen zum Angriff auf Pearl Harbor und zur Ermordung Präsident Kennedys hatten dagegen bereits nach neun bzw. sieben Tagen begonnen. Als die Untersuchung endlich ins Rollen kam, gab es einige widersprüchliche Erklärungen, warum das Militär nicht versucht hatte, die Angriffe zu verhindern.

Dass die Verschwörungstheorien sich bis heute so hartnäckig halten, liegt wahrscheinlich weniger an den tatsächlichen Beweisen. Es ist eher der Glaube daran, dass die Regierung diese schrecklichen Angriffe aus niederen Beweggründen zugelassen – ja sogar begrüßt – habe. In der beliebtesten dieser Theorien, die durch Michael Moores Film *Fahrenheit 9/11* noch zusätzlichen Aufschwung erhielt, wird ar-

gumentiert, dass die amerikanische Regierung, die von Neokonserva-
tiven und Mitgliedern der Ölbranche kontrolliert wird, die Katastrophe begrüßt habe, weil sie dadurch genug öffentliche Unterstützung
für ihren Krieg im Nahen Osten bekam. Obwohl dieser Krieg später
als ein „Krieg gegen den Terror" verkauft werden würde, ging er angeblich nur um das Erdöl. Es war auch eine gute Möglichkeit, endlich
wieder den Verteidigungshaushalt zu erhöhen. Das wiederum käme
der Waffenindustrie zugute, die eng mit der Regierung zusammen-
arbeitet. Zu guter Letzt ermöglichte es auch die Erlassung neuer Gesetze, z. B. des Patriot Act. Wenn man es von diesem Standpunkt aus
betrachtet, waren die Ereignisse des 11. Septembers nur eine Wieder-
holung des Angriffs auf Pearl Harbor und des Untergangs der *Lusita-
nia*, denn auch bei diesen Katastrophen hatte die Regierung – sofern
man den Verschwörungstheorien Glauben schenkt – nur zugesehen,
wie ihre Bürger abgeschlachtet wurden, um die Zustimmung für einen unpopulären Krieg zu erhalten.

Dieses Szenario überzeugte viele, vor allem im Hinblick auf den
Krieg gegen den Irak. Aber ist es wirklich glaubhaft? Beweist irgendetwas davon tatsächlich, dass die Regierung der Vereinigten Staaten
einfach zusah, wie Amerikaner starben?

Nicht, wenn man dem Magazin *Popular Mechanics* glaubt. Dort
trommelte man eine Reihe von Experten zusammen, die alle möglichen Theorien zur Zerstörung der Zwillingstürme durchgingen. Sie
fanden heraus, dass einige Aspekte des Einsturzes zwar ungewöhnlich, aber nicht unmöglich waren. Schließlich hatte es so etwas noch
nie zuvor gegeben, und man hatte keinerlei Vergleichsmöglichkeiten.
Die restlichen „Beweise" für eine Verschwörung, z. B. die Stornierung
der Flüge einiger Mitarbeiter des Pentagons am Tag des Anschlags,
könnten einfach Zufall gewesen sein – oder etwa nicht? Die seltsame

Reaktion des Präsidenten auf die Nachricht der Angriffe kann man auch als eine einfache Panikreaktion erklären – oder?

Insgesamt kann man sagen, dass die Behauptung doch ziemlich weit hergeholt ist, die US-Regierung habe die Ereignisse des 11. Septembers aktiv zugelassen. Viel wahrscheinlicher ist es, dass das Ganze durch schier unglaubliche Inkompetenz geschehen konnte, auch wenn man nicht vergessen darf, dass die Geheimdienste jeden Tag von gewaltigen Informationsmengen überflutet werden.

Andererseits lässt es sich aber auch kaum bestreiten, dass sowohl die US-Regierung als auch die Öl- und Verteidigungsindustrie von dem folgenden Krieg gegen den Terror enorm profitiert haben. Wenn man Aktionär bei Halliburton ist, hatte dieses Unglück zweifellos auch einige Vorteile. Ausgehend davon, muss sich die Regierung den Vorwurf gefallen lassen, dass sie die Tragödie vom 11. September benutzt habe, um ihren Freunden bei der Erwirtschaftung eines netten Profits zu helfen – das ist aber immer noch etwas ganz anderes, als sie der Mittäterschaft an einem Massenmord zu beschuldigen. Vielleicht haben die Anhänger der Verschwörungstheorien ja nicht ganz Unrecht. In den Augen der meisten Menschen geht die Behauptung jedoch zu weit, die Regierung der Vereinigten Staaten von Amerika stecke selbst hinter den schrecklichen Anschlägen.

Die WTC-Diskussion

Die Filmaufnahmen zu den Ereignissen des 11. Septembers sind wohl die berühmtesten überhaupt. Auf den ersten Blick sah es ganz einfach aus: Arabische Terroristen kaperten vier Flugzeuge, flogen mit zweien ins World Trade Center, stürzten mit dem dritten ins Pentagon und mit dem vierten in ein Feld in Pennsylvania. Al-Qaida übernahm die Verantwortung. Angesichts der Tatsache, dass al-Qaida nicht nur eine Terrororganisation mit einem tief sitzenden Hass auf die USA ist, sondern bereits früher einen Bombenanschlag auf das World Trade Center verübt hatte, ist doch alles ganz eindeutig, oder etwa nicht?

Nicht, wenn man die Verschwörungstheoretiker fragt. Sie sagen, dass das Ganze ein abgekartetes Spiel war. Wer war dafür verantwortlich? Natürlich die Regierung der USA. Je nachdem, welcher Version

Von der Kamera eingefangen: die dramatischen Szenen, als Flug 175 von den Entführern kaum 20 Minuten nach dem Angriff auf den Nordturm in den Südturm des World Trade Centers gelenkt wird.

man glaubt, hat die Regierung entweder einen echten al-Qaida-Anschlag zugelassen oder alles gleich selbst inszeniert. Aber welche Beweise gibt es dafür?

Die meisten verantwortungsbewussteren Spekulationen drehen sich eher um die Ereignisse im Vorfeld der Anschläge. Wie in dem Abschnitt über die Verbindung zwischen Bush und bin Laden (siehe S. 60ff.) ausgeführt wird, lagen der amerikanischen Regierung viele Informationen vor, die darauf hinwiesen, dass al-Qaida einen Angriff plante. Während die meisten von uns die fehlende Reaktion der Behörden auf Inkompetenz und schlampige Arbeit schieben, sehen Zyniker darin den Teil eines Musters.

Sehen wir uns die Hauptereignisse, beginnend mit den beiden Flugzeugen, die in die Türme flogen, einmal etwas genauer an. Für die meisten Augenzeugen war es ganz einfach: Flugzeuge fliegen in die Türme und explodieren, die Türme stürzen ein. Schon nach kurzer Zeit wurde diese Version der Ereignisse allerdings angezweifelt. Die Debatte begründete sich mit der Frage, ob der Einschlag der Flugzeuge, zusammen mit dem darauffolgenden Feuer, tatsächlich ausgereicht hätte, die gewaltigen Türme des World Trade Centers zum Einsturz zu bringen.

Was ließ die Zwillingstürme also wirklich einstürzen?

Nach der Aussage von Experten waren die Gebäude 1, 2 und 7 des World Trade Centers die einzigen Stahlkonstruktionen in der Geschichte, die durch ein Feuer eingestürzt sind. Fragwürdig ist vor allem das Schicksal des Gebäudes 7, das einige Stunden nach den beiden Türmen einstürzte, da es gar nicht von einem der Flugzeuge getroffen wurde. Nach Expertenmeinungen wies die riesige Staubwolke, die aus den Türmen aufstieg, auch eher auf eine Explosion und nicht auf ein Feuer hin. Andere angebliche Experten meinten, dass die Tatsache, dass das Gebäude auffallend gerade in sich zusammenfiel, auf einen kontrollierten „Abriss" hindeutete. Und schließlich schienen die Trümmer auch noch geschmolzenen Stahl zu enthalten. Das konnte nicht durch ein Feuer verursacht worden sein, durch eine Bombe dagegen schon. Die Verschwörungstheoretiker sind sich einig darüber, worauf all das hindeutet: Sie behaupten, dass die Türme des World Trade Centers mit Sprengstoff vollgestopft waren, um die Katastrophe so dramatisch wie möglich wirken zu lassen. Und dann war da ja noch das Pentagon. Das Flugzeug konnte 40 Minuten lang unbehelligt auf das Pentagon zufliegen – trotz modernster Radartechnik und Flugabwehrgeschütze, und ganz abgesehen von der Nähe zur Andrews Air Force Base. Als das Flugzeug schließlich in das Gebäude stürzte, traf es ausgerechnet den Westflügel, der aufgrund von Bauarbeiten zu diesem Zeitpunkt fast menschenleer war. Auch das stützt die Verschwörungstheorien. Das berühmteste Teil dieses Puzzles sind aber wohl die Aufnahmen von Präsident Bush, der zum Zeitpunkt der Angriffe Kindern in einem Kindergarten eine Geschichte vorlas. Als ein Stabsmitarbeiter ihm die Nachricht überbrachte, las er einfach weiter, so als wäre nichts geschehen. In Michael Moores Film *Fahrenheit 9/11* deutete man mit diesen Aufnahmen an, dass Bush ganz genau wusste, was vor sich ging. Auch in den Tagen nach den Anschlägen ging das auffällige Verhalten des Präsidenten weiter. Weder der Stimmenrekorder noch die Black Box der Flugzeuge, die in die Angriffe auf New York verwickelt waren, wurden je der Öffentlichkeit präsentiert, wie es sonst bei jedem großen Absturz geschieht. Es gab auch niemals Aussagen darüber, ob die Black Boxes überhaupt gefunden wurden. Auch bei den Identitäten der Entführer gibt es Abweichungen. Wenn man das Ausmaß der Zerstörung rund um die Zwillingstürme betrachtet, ist es doch sehr verwunderlich, dass ganz in der Nähe ein völlig unbeschädigter Ausweis eines der Terroristen gefunden wurde. Die tatsächlichen Identitäten der Entführer waren ebenfalls umstritten. Walid al-Sheri, einer der Männer, die vom FBI auf ihrer Website zu den Ereignissen als Entführer genannt wurden, tauchte später gesund und munter auf und beteuerte seine Unschuld. Auch die Identitäten von drei weiteren Entführern konnten bis heute nicht eindeutig ermittelt werden.

Flug 93: Die wahre Geschichte

Die Geschichte von Flug 93, dem vierten entführten Flugzeug, ist bereits zu einer modernen Legende geworden. Die Passagiere auf diesem Flug waren in einer völlig anderen Situation als die Passagiere in den New Yorker Flugzeugen, die nicht geahnt haben können, was ihre Entführer vorhatten. Bei Flug 93 wussten die Passagiere dank ihrer Handys schon sehr bald, dass die Entführer planten, ihre Maschine in eine fliegende Bombe zu verwandeln. Sie befanden sich in der Gegend um Washington, D. C., also war ihr Ziel mit hoher Wahrscheinlichkeit das Weiße Haus. Nichts zu tun, würde also den sicheren Tod bedeuten. Langsam, aber sicher beschlossen die Passagiere, sich zu wehren. Das wissen wir aus letzten erschütternden Telefongesprächen mit ihren Angehörigen. Einer von ihnen, Todd Beamer, sprach die berühmten letzten Worte „Let's roll".

Und dann herrschte Stille. Es gab keine weiteren Telefonate mehr. Was wir genau wissen, ist, dass Flug 93 (eine Boeing 757) in ein Feld im ländlichen Pennsylvania, nahe Shanksville, stürzte.

Die anerkannte Theorie lautet, dass sich die Passagiere auflehnten, den Entführern die Kontrolle über das Flugzeug entrissen und dieses im Zuge des Kampfes dann abstürzte. Die Passagiere hatten ihr Leben geopfert, damit viele andere leben konnten. Sie wurden zu amerikanischen Helden.

Es gibt heute kaum jemanden, der anzweifelt, dass diese Passagiere tatsächlich Helden waren. Aber viele fragen sich, warum das Flugzeug wirklich abgestürzt ist, und zweifeln die offizielle Version der Geschichte an.

Der letzte Anruf

Im Grunde gibt es zwei Theorien über den Absturz von Flug 93. In der ersten heißt es, dass es an Bord eine Explosion gegeben habe. Gestützt wird das Ganze von der Aussage eines Passagiers in seinem letzten Telefonat. Er sagte, dass einer der Entführer eventuell eine Bombe bei sich habe. Die andere Möglichkeit ist, dass das Flugzeug auf Anweisung der Regierung der Vereinigten Staaten abgeschossen wurde, bevor es sein Ziel erreichen konnte. Diese Theorie ist sehr kontrovers, bedeutet sie doch, dass die Regierung den Tod ihrer eigenen Bürger autorisiert hat.

Welche Beweise gibt es dafür? Zum einen ist da der Zeitrahmen. Zu dem Zeitpunkt, als Flug 93 abstürzte, wusste bereits jeder, was mit dem World Trade Center und dem Pentagon passiert war. Im gesamten Luftraum über den USA fand eine verzweifelte Suche nach möglichen weiteren entführten Flugzeugen statt. Die Regierung gab zu, dass die ersten Abfangjäger um 8.52 Uhr aufgestiegen waren, während ein weiteres Paar Jäger um 9.35 Uhr von der Andrews Air Force Base nahe Washington aus startete. Das ist der exakte Zeitpunkt, zu dem Flug 93 eine 180-Grad-Wendung vornahm und mit dem direkten Anflug auf Washington begann. Die Abfangjäger waren nur knapp zehn Flugminuten von der Maschine entfernt, aber es dauerte noch weitere 30 Minuten, bevor Flug 93 abstürzte. Man kann wohl davon ausgehen, dass sie die Maschine weit vor 10.06 Uhr hätten erreichen müssen, oder?

Dieser Gedanke wird von den Aussagen eines Fluglotsen gestützt, die ein paar Tage später in New Hampshire veröffentlicht wurden. Er sagte, dass eine F-16 „auf der Jagd" nach dem entführten United-Jet war und „die ganze Sache mitangesehen haben muss". Unmittelbar vor dem Absturz berichtete der Fernsehsender CBS kurz, dass sich zwei F-16 hinter der Maschine befänden. Das klingt zwar alles sehr verdächtig, aber die Frage bleibt bestehen: Würde die Regierung der Vereinigten Staaten tatsächlich eine eigene Maschine so kaltblütig abschießen lassen?

Am 16. September gab Vizepräsident Dick Cheney bekannt, dass Präsident Bush die Piloten der Air Force grundsätzlich bevollmächtigt habe, entführte Verkehrsflugzeuge abzuschießen. Diese Aussage unterstützt natürlich die Vermutung, dass die F-16-Abfangjäger, die in Washington gestartet waren, das Weiße Haus beschützen sollten – und zwar um jeden Preis.

Man würde vermuten, dass es an einer Absturzstelle eindeutige Hinweise darauf gibt, ob ein Flugzeug abgeschossen wurde oder einfach abgestürzt ist. Und genau hier kommt die Kontroverse erst richtig in Schwung. Die Vertreter der Verschwörung sind der festen Ansicht, dass die Beweise auf einen Abschuss der Maschine hindeuten. Gestützt wird diese Theorie hauptsächlich durch die großflächige Verteilung der Trümmerstücke. Briefe und andere leichte Überreste des Flugzeugs wurden in einem Umkreis von bis zu 13 Kilometer um den

Absturzort gefunden. Das Flugzeug selbst war in Tausende kleinster Teile zersplittert. Ein Teil eines Triebwerks, das selbst eine Tonne wog, wurde in mehr als 500 Metern Entfernung vom Absturzort gefunden. Weitere Trümmer schlugen in dem drei Kilometer entfernten Ort Indian Lake auf. Außerdem waren die Trümmer in dem Gebiet nicht gleichmäßig verteilt, sondern lagen in kleinen Gruppen beieinander. Für die Verschwörungstheoretiker ist das ein klarer Beweis dafür, dass sie durch eine Explosion in der Luft so weit verteilt wurden.

Das geheimnisvolle weiße Flugzeug

Das FBI jedoch schenkte diesen Hinweisen keinen Glauben. Man behauptete, die Papierfetzen seien durch den Wind so weit weggeweht worden, während das Triebwerksteil durch die ungeheure Wucht des Aufpralls weggeschleudert worden sei. Sie zogen also das Fazit, dass „nichts gefunden wurde, das auf etwas anderes als einen normalen Absturz hinweisen würde".

Es gibt aber noch ein weiteres Mysterium, auf das die Verschwörungstheoretiker ein ums andere Mal hinweisen: das geheimnisvolle „weiße Flugzeug." Mehrere Augenzeugen wollen unmittelbar vor dem Absturz von Flug 93 ein sehr tief fliegendes, weißes Flugzeug gesehen haben. Anfangs wies das FBI vehement zurück, dass sich ein Privatflugzeug in der Nähe des Absturzortes befunden habe. Als die Berichte der Augenzeugen aber nicht aufhörten, gab das FBI schließlich bekannt, dass sich ein ziviles Geschäftsflugzeug in dem Bereich befunden habe. Da es nur etwa 32 Kilometer von Flug 93 entfernt gewesen sei, habe die Flugaufsicht den Piloten angewiesen, auf 1500 Meter Flughöhe zu sinken, um die Unglücksstelle zu begutachten und den Rettungskräften die genauen Koordinaten zu geben.

Und diese Aussage ist wirklich äußerst merkwürdig: Denn erstens hatten alle zivilen Flüge zu dieser Zeit bereits längst die strikte Anweisung, auf dem jeweils nächsten Flughafen zu landen, und zweitens scheint es doch mehr als unglaubwürdig, dass das Militär ausgerechnet zu diesem mehr als kritischen Zeitpunkt einen zivilen Piloten, der rein zufällig in der Gegend war, um Hilfe bitten würde, wo sich doch angeblich ein F-16-Abfangjäger oder sogar mehrere ebenfalls in unmittelbarer Nähe befanden.

Sind die Verschwörungstheoretiker hier also tatsächlich auf etwas gestoßen? Die Beweise, dass die F-16-Jäger Flug 93 eingeholt hatten, sowie die Verteilung der Trümmerstücke sind beunruhigend. Es ist auch schwer zu glauben, dass es die Behörden dem Flugzeug gestattet hätten, sich Washington und damit dem Weißen Haus noch weiter zu nähern. Andererseits hat keiner der Augenzeugen des Absturzes ausgesagt, dass das Flugzeug in einen Feuerball gehüllt war. Falls es also tatsächlich von einer Rakete getroffen wurde, war diese nicht beim Aufprall auf das Flugzeug explodiert.

Vielleicht sollte man also in Betracht ziehen, dass einer der Terroristen an Bord in der Tat eine Bombe bei sich trug. Diese Erklärung würde die einzelnen Teile des Puzzles sauber zusammenfügen: die heldenhaften Passagiere, einen Entführer, der vorsätzlich (oder aus Versehen) eine Bombe zündet, den Absturz der Maschine, bevor die F-16-Jäger in die Verlegenheit kamen, sie abschießen zu müssen. Aber was auch immer passiert ist, eines ist und bleibt unbestritten: der große Mut der Passagiere von United-Flug 93 in dieser schrecklichen Situation.

Die Verbindung Bush–bin Laden: Wie nahe stehen sich diese Familien eigentlich?

Manche Verschwörungstheorien sind – gelinde gesagt – weit hergeholt und stützen sich auf höchst unwahrscheinliche Einzelheiten. Die Ereignisse, auf denen solche Thesen gründen, sind manchmal jedoch so seltsam, dass es fast unmöglich ist, nicht zu spekulieren. Die Theorien über die Verbindungen zwischen der Bush-Familie und der Familie bin Laden begannen mit einem solchen Ereignis. Am Morgen des 11. Septembers 2001, als die Terroristen unter der Führung Osama bin Ladens Tod und Vernichtung in die Vereinigten Staaten unter ihrem Präsidenten George W. Bush brachten, befand sich der Vater genau dieses Präsidenten, George Bush sen., in einer Sitzung im Ritz Carlton in Washington – mit einem von Osama bin Ladens Brüdern.

Zufall oder Verschwörung? Soweit es Zufälle betrifft, wäre das schon ein überaus ungewöhnlicher. Ja, die Familien Bush und bin Laden sind beide im Ölgeschäft tätig, aber ist ihre Verbindung wirklich rein geschäftlicher Natur? Steht sie tatsächlich in keinerlei Zusammenhang mit den Ereignissen des 11. Septembers? Wenig überraschend glauben viele Menschen, dass es neben der geschäftlichen auch noch eine politische Beziehung gibt. Der Regisseur Michael Moore legte in seinem Film *Fahrenheit 9/11* einen besonderen Schwerpunkt auf die Beziehungen zwischen den Familien. Craig Unger tat in seinem Bestseller *Die Bushs und die Sauds. Öl, Macht und Terror* das Gleiche.

Was hat es damit nun auf sich? Die Geschichte beginnt in Houston, Texas, in den 1970er-Jahren, als George W. Bush gerade erste kleine Schritte in den Geschäftszweigen seiner Familie – Politik und Öl – machte. Die bin Ladens halfen ihm bei der Finanzierung seiner ersten Ölgeschäfte. Der Kontakt wurde von Jim Bath, einem Freund George Bushs aus Zeiten der Texas Air National Guard (durch diese Stellung konnte Bush einst seine Einberufung in den Vietnam-Krieg vermeiden), hergestellt.

Die saudischen Investoren

In den späten 1970er-Jahren war Bath ein Unternehmer mit guten Kontakten zur CIA, an deren Spitze seit 1976 George Bush sen. stand. Etwa zu diesem Zeitpunkt traf Bath eine Übereinkunft mit Salem bin Laden, einem älteren Bruder Osamas: Zukünftig würde er als Repräsentant der bin-Laden-Familie in den USA auftreten und in ihrem Namen Geld in verschiedene Unternehmen investieren. Das führte schließlich dazu, dass Bath auch zum Repräsentanten Chalid bin Mahfuz' wurde, eines Mitglieds des Clans, dem die National Commercial Bank, die wichtigste Bank der saudischen Königsfamilie, gehörte.

1978 nahm Bath sich einen Partner, den ehemaligen Marineflieger Charles W. White, der fortan seine Immobilienfirma leitete. Sowohl die Familie bin Laden als auch die Familie Mahfouz investierten in

George W. Bush mit Mitgliedern der saudischen Königsfamilie auf seiner Ranch in Texas. Zwischen den USA und den Saudis besteht eine herzliche Beziehung, aber ist Bush vielleicht zu freundlich zu den falschen Personen?

diese Firma, und Bath kaufte in ihrem Namen einen Flugplatz sowie Büro- und Appartementgebäude. Noch im gleichen Jahr gründete George W. Bush eine Ölfirma, Arbusto 78. Dank seiner Verbindung zu Bath gehörten Salem bin Laden und Chalid bin Mahfuz zu seinen ersten Investoren.

Trotz der saudischen Investitionen (White zufolge waren es mindestens eine Million US-Dollar) hatte Bush im Ölgeschäft keinen Erfolg. Bis 1987 wurden seine Ölfirmen von einem weiteren Unternehmen, Harken Energy, geschluckt. In diesem Jahr bekam Harken ein Angebot für seine Aktien im Wert von 25 Millionen Dollar. Das Angebot stammte von Finanziers, die mit der Bank of Credit and Commerce International (BCCI), einem Bankkonzern im Mittleren Osten, der bald darauf in Verruf geriet, in Verbindung standen.

Im Lauf der nächsten Jahre wurde aufgedeckt, dass die BCCI eine durch und durch korrupte, kriminelle Organisation war, die Geld von ihren eigenen Investoren stahl. Außerdem betrieb man Geldwäsche und war in die Iran-Contra-Affäre (siehe S. 156ff.) verwickelt. Die Bank finanzierte auch einige zwielichtige Personen der jüngeren Geschichte, z. B. Saddam Hussein, Manuel Noriega und den Terroristenführer Abu Nidal. Einer der Männer, die über den Skandal stolperten, war Bin Mahfouz. Man entdeckte, dass er größere Summen abgehoben hatte, und zwar unmittelbar bevor die Aktiva der Bank eingefroren worden waren. Die Anklage gegen ihn wurde jedoch fallen gelassen, als er die gewaltige Summe von 225 Millionen US-Dollar an die Zentralbank zahlte, gefolgt von weiteren 245 Milllionen an die vom Gericht bestellten Konkursverwalter der BCCI.

Während der BCCI-Skandal noch andauerte, fand der erste Golfkrieg unter der Führung von US-Präsident George Bush sen. statt. Vielen sahen diesen Krieg als Krieg um das Öl an, in dem ein Präsident, der selbst aus dem Ölgeschäft stammte, dafür sorgte, dass der Irak die internationalen Ölmärkte nicht in den Würgegriff nehmen konnte.

Der Fundamentalist

In der Zwischenzeit hatte Osama bin Laden in Saudi-Arabien an Bedeutung gewonnen. Während sich seine Familie auf ihre Wirtschaftsinteressen konzentriert hatte, war er zu einem islamistischen Heißsporn geworden, der seine islamischen Kämpfer in der – von der CIA gestützten – Kampagne gegen die Russen in Afghanistan anführte. Im Gegensatz zu seinen Brüdern, die im Traum nicht daran dachten, ihre wirtschaftliche Verbindung zu den USA aufzugeben, war er der Ansicht, dass die islamischen Staaten ihr Schicksal in die eigene Hand nehmen sollten. Er drängte die Saudis deshalb, selbst gegen Saddam Hussein vorzugehen, anstatt alles den Amerikanern zu überlassen. Die 20 000 amerikanischen Soldaten, die nach Kriegsende in Saudi-Arabien zurückgeblieben waren, gefielen Osama bin Laden gar nicht. Kurz darauf verließ er sein Heimatland in Richtung Sudan, wo er die Terrororganisation al-Qaida aufbaute. Das erklärte Ziel dieser Gruppe war und ist es, die Amerikaner aus allen islamischen Ländern zu vertreiben.

Während der nächsten zehn Jahre startete al-Qaida eine Reihe von Angriffen gegen die USA. 1993 unternahm die Gruppe den spektakulären Versuch, das World Trade Center in die Luft zu jagen. Dabei kamen einige Menschen ums Leben, und das Gebäude entging nur sehr knapp der Zerstörung. 1995 starben fünf amerikanische Soldaten in Saudi-Arabien durch eine Autobombe.

Im Jahr 1996 beschloss die sudanesische Regierung, dass sie Osama und seine Organisation des Terrors nicht länger beherbergen wollte. Zu diesem Zeitpunkt hatten die USA die Gelegenheit, ihn zu verhaften, ließen sich diese Chance jedoch entgehen. Im Jahr 1998 sprengte al-Qaida die amerikanischen Botschaften in Kenia und Tansania. 224 Menschen kamen bei diesen Anschlägen ums Leben.

Im Januar 2000 erfuhren die Geheimdienste, dass ein Treffen der al-Qaida-Spitze in Kuala Lumpur (Malaysia) geplant war, an dem auch Chalid Scheich Mohammed teilnehmen würde. Er war die Nummer drei Al-Kaidas und der Drahtzieher der Anschläge auf die US-Botschaften. Er soll auch für den Anschlag auf die USS Cole und für die Anschläge vom 11. September verantwortlich sein. Ebenfalls anwesend waren Chalid al-Mihdhar und Nawaf al-Hazmi, zwei saudische Staatsbürger, die als Entführer des Fluges 77, der in das Pentagon stürzte, enden sollten.

Ignorierte Warnsignale

Die CIA wusste von dem Treffen und bat den malaysischen Geheimdienst darum, es zu überwachen. Dieser machte Videoaufnahmen und Fotos der zwölf Anwesenden. Trotzdem flogen al-Hazmi und al-Mihdhar unter ihrem eigenen Namen nach dem Treffen in die USA nach Los Angeles. Dort trafen sie sich mit Omar al-Bayoumi, einem saudischen Staatsbürger, der für die saudische Zivilflugbehörde arbei-

Osama Bin Laden mit seiner rechten hand, dem Ägypter Ayman Al-Zawahiri. Viele halten ihn für das eigentliche Gehirn des Al-Kaida-Netzwerks.

tete. Al-Bayoumi brachte al-Mihdhar und al-Hazmi nach San Diego, wo sie eine Wohnung zur Verfügung hatten, schrieb sie in eine Flugschule ein und gab ihnen Geld. Später kam das FBI zu dem Schluss, dass al-Bayoumi höchstwahrscheinlich ein saudischer Geheimagent war. Al-Bayoumi stellte den Entführern viele Tausend Dollar zur Verfügung – die von Prinzessin Haifa stammten, der Ehefrau des Prinzen Bandar Saudi und saudischen Botschafters in den Vereinigten Staaten. Im September des gleichen Jahres zogen al-Hazmi und al-Mihdhar in das Haus des Imams Abdussattar Shaikh in San Diego. Der Imam war ein FBI-Informant, der regelmäßig Treffen mit seinem FBI-Führungsagenten abhielt, während al-Hazmi und al-Mihdhar im Zimmer nebenan saßen. Shaikh behauptete später, dass man ihm nicht gesagt hatte, was für eine Mission die beiden hatten. Sein Führungsbeamter hatte wiederum keinerlei Anweisungen erhalten, auf al-Hazmi und al-Mihdhar zu achten.

In den folgenden Monaten startete al-Qaida einen Angriff auf die USS Cole, die im Hafen von Aden (Jemen) vor Anker lag. Dabei kamen 17 Seeleute ums Leben. Im ganzen Jahr 2001 in den Monaten vor dem Anschlag vom September erhielten CIA, FBI und die National Security Agency (NSA) Informationen darüber, dass al-Qaida einen größeren Angriff plante. Trotzdem war Chalid Scheich Mohammed, der Drahtzieher der Anschläge, im Mai des Jahres in der Lage, unbehelligt in die USA einzureisen. Im August 2001 erhielt Präsident Bush täglich ausführliche Memoranden der CIA, in denen ebenfalls erwähnt wurde, dass al-Qaida einen Anschlag auf die USA plante. In diesen Memoranden fiel immer wieder der Name Osama bin Ladens. Bis heute weigert sich die Bush-Administration strikt, den Inhalt dieser Memoranden den Untersuchungsbehörden zur Verfügung zu stellen.

Hat die Loyalität zu einem alten Freund Bushs Urteilsvermögen getrübt? Wenn ja, bezahlte er einen schrecklichen Preis dafür, denn am 11. September 2001 machte al-Qaida ihre Drohungen wahr.

Und damit sind wir wieder am Anfang angekommen: am Morgen des Tages, als sich George Bush sen. in Washington unter anderem mit Osama bin Ladens Bruder traf. Ironischerweise durften ausgerechnet Mitglieder der bin-Laden-Familie ein paar Tage später das Land auch noch ohne jegliche Befragung verlassen.

Dafür gibt es zwei mögliche Erklärungen: Die eine ist, dass die Familien Bush und bin Laden im Grunde nur Geschäftsleute mit Interesse am Erdöl sind. Die Tatsache, dass zwei Bushs Präsidenten der Vereinigten Staaten waren und dass ein Mitglied des riesigen bin-Laden-Clans zum Terroristenführer wurde, ist dabei nebensächlich. Bush sah ein, dass man die bin Ladens nicht für die Handlungen eines schwarzen Schafs verantwortlich machen konnte, und half ihnen kurzerhand, das Land zu verlassen.

Es gibt aber natürlich auch noch die Verschwörungstheorien. Die sicherlich interessanteste lautet, dass die enge Verbindung zwischen der Bush-Familie und den saudischen Ölinteressen den Präsidenten beeinflusst hat. Die Anhänger dieser These behaupten, dass die Hinweise auf einen Anschlag nicht genau verfolgt wurden, weil Saudi-Arabien in die Sache verstrickt war. Die Bedeutung des saudischen Öls – nicht nur für Bush, sondern für die gesamten USA – hatte ohnehin bereits dafür gesorgt, dass den Saudis niemals unbequeme Fragen über Menschenrechte oder ihre Unterstützung des islamistischen Terrors gestellt wurden. Aber Tatsache ist, dass 15 der 19 Entführer des 11. Septembers saudische Staatsbürger waren. Warum richtete sich die Wut der USA also nicht gegen Saudi-Arabien? Warum wandte das Militär sein Interesse zuerst Afghanistan und dann dem Irak zu?

Diese Fragen sind schwer zu beantworten. Vielleicht überlappen sich hier die Theorie und die echte Politik. Vielleicht hat George W. Bush bei den Aktivitäten der Familie bin Laden weggeschaut. Wahrscheinlicher ist aber, dass die Ölinteressen beider Länder dafür gesorgt haben, dass die politischen Anführer der USA es versäumten, Saudi-Arabien für seine terroristischen Machenschaften zur Rechenschaft zu ziehen – mit tragischen Folgen, wie sich herausstellen sollte.

Die afghanische Pipeline

Viele beliebte Verschwörungstheorien drehen sich um ein ganz bestimmtes Produkt: das Schwarze Gold – besser bekannt als Erdöl. In diesen Theorien wird immer wieder behauptet, dass die Außenpolitik der Vereinigten Staaten nach dem 11. September nicht auf den Krieg gegen den Terror gerichtet war, sondern von dem Wunsch angetrieben wurde, noch mehr Kontrolle über die Erölreserven der Erde zu erlangen. Im Fall des Irak-Krieges ist leicht zu erkennen, woher diese Theorie stammt. Schließlich ist der Irak einer der größten Erdölproduzenten der Welt. Im Fall von Afghanistan scheint die Anschuldigung allerdings weiter hergeholt zu sein, denn dort gibt es keine Erdölvorkommen. Warum enstanden dann trotzdem – nur Tage nach der Entscheidung der Vereinigten Staaten, in Afghanistan einzumarschieren – Gerüchte, dass es eigentlich nur um Öl geht?

„Es geht nur ums Öl"

Die Antwort ist einfach: Den Verschwörungstheoretikern zufolge wollten die USA die Herrschaft über Afghanistan gewinnen, um eine Pipeline durch das Land bauen zu können. So könnte Öl vom landumschlossenen Kaspischen Meer bis zum Indischen Ozean transportiert werden. Angeblich hatte die Firma Unocal bereits Pläne für eine solche Pipeline, musste sie aber verwerfen, als die Taliban an die Macht gelangten. Afghanistan wurde für eine Investition in dieser Größenordnung zu gefährlich.

Der wahre Grund für den Einmarsch der Amerikaner war also – wenn man den Verschwörungstheorien glaubt – nicht die Jagd auf Osama bin Laden und seine al-Qaida-Terroristen, sondern der Umsturz des anti-amerikanischen Regimes, damit die geplante Pipeline sicher gebaut werden konnte. Als altem texanischem „Ölbaron" lag George W. Bush diese Sache natürlich sehr am Herzen. Diese Geschichte verbreitete sich vom Internet bis in seriöse europäische Zeitungen. „Es geht nur ums Öl" wurde zum Mantra der Kriegsgegner. Aber ist diese Theorie tatsächlich aufrechtzuerhalten?

Kurz gesagt: nicht wirklich. Zum einen haben die Verschwörungstheoretiker übersehen, dass es bei der Unocal-Pipeline um Gas ging und nicht um Öl. Außerdem wäre es für Unocal bzw. die Vereinigten Staaten viel einfacher und rentabler gewesen, sich mit den Taliban zu einigen, wenn sie die Pipeline wirklich hätten bauen wollen. Unter den Taliban besaß Afghanistan zumindest ein gewisses Maß an Stabilität. Durch den Krieg ist das Land für Geschäftsleute jedoch gefährlicher denn je geworden.

Die Anhänger der Verschwörung weisen darauf hin, dass sich die neue Regierung in Afghanistan mit der öl- und gasreichen zentralasiatischen Republik Turkmenistan zusammentat. Die beiden Länder einigten sich prinzipiell darauf, eine Pipeline zu bauen. Das Schlüsselwort ist hier aber „prinzipiell". Es kann sein, dass die afghanische Regierung die Vorstellung einer Pipeline durch ihr Land durchaus interessant findet, aber keine der großen westlichen Ölfirmen will etwas damit zu tun haben, geschweige denn investieren. Tatsächlich haben sich diese schon längst nach anderen Möglichkeiten umgesehen. Der Weg durch Afghanistan wäre zwar der kürzeste gewesen, aber er ist keineswegs der einzige. Ganz im Stillen wurde bereits eine neue Pipeline gebaut – mit einer völlig anderen Streckenführung.

Die „samtene Revolution"

Diese neue Pipeline ist 1754 Kilometer lang und verläuft von der Stadt Baku im ölreichen Aserbaidschan durch Georgien hindurch bis zum Hafen von Ceyhan in der Türkei. Dieses Projekt hatte einen tiefgreifenden Einfluss auf die Politik in der Kaukasusregion, wurde von der Weltöffentlichkeit aber weitgehend ignoriert – zugunsten der natürlich viel sensationelleren Afghanistan-Geschichte.

Falls es wirklich ein Komplott gibt, ist es viel subtiler als angenommen. Während immer wieder Afghanistans wegen mit dem Finger auf die USA gezeigt wurde, etablierte sich in der ehemaligen Sowjetrepublik Georgien, durch welche die neue Pipeline verläuft, langsam, aber sicher eine US-freundliche Regierung.

Die Vereinigten Staaten gaben große Summen zur Unterstützung dieser „samtenen Revolution" in Georgien aus, bei der schließlich der in Amerika ausgebildete Mikhail Saakaschwili an die Macht kam. Amerika demonstrierte diese neue Freundschaft zu Georgien durch den Besuch George Bushs als erstem amerikanischem Präsidenten. Und was den Endpunkt der Pipeline in der Türkei betrifft, wird es kaum jemanden überraschen, dass dieser genau neben dem amerikanischen Stützpunkt in Incirlik liegt.

Viele Hinweise deuten darauf hin, dass Öl- und Gasinteressen wichtige Faktoren in der amerikanischen Außenpolitik sind. Es ist auch keine Frage, dass die gewaltigen Gasreserven in Zentralasien für die USA überaus interessant sind. Es scheint aber, als hätten die Verschwörungstheoretiker Georgien völlig übersehen. Und der Krieg in Afghanistan? Vielleicht sind die USA ja tatsächlich einmarschiert, um die Terroristen auszumerzen, die erst kurz zuvor so grausam zugeschlagen hatten. Ihre Pipeline jedenfalls konnten sie an anderer Stelle viel einfacher bauen.

Kapitel 2

Geheimbünde

Die gesamte Geschichte hindurch haben Männer – und Frauen, es sind jedoch überwiegend Männer – Gesellschaften zur Förderung ihrer Mitglieder, zum Teilen ihrer Interessen oder einfach nur zum Zusammensein mit Gleichgesinnten gegründet. Einige dieser Gesellschaften waren (und sind) geheim. Aber wie misstrauisch sollten wir diesen geheimnisvollen Gruppen gegenüber sein?

Die Bilderberg-Gruppe

Die vielleicht älteste Verschwörungstheorie überhaupt besagt, dass die Welt insgeheim von einer mysteriösen Gruppe überaus mächtiger Männer und Frauen kontrolliert wird. Die Existenz vieler dieser Gruppen ist häufig mehr als zweifelhaft, beispielsweise bei den Illuminaten. Andere Fälle basieren zumindest auf Fakten (es gibt zweifelsohne sehr mächtige jüdische Bankiers), aber der Schritt zu der These, dass die Welt eigentlich von diesen Bankiers beherrscht wird, ist nichts weiter als eine Wahnvorstellung – in diesem Fall antisemitische Paranoia.

Die Bilderberg-Gruppe – eine Gruppe, deren Mitglieder die Welt regieren – dagegen ist keine Einbildung. Denn eines ist ganz sicher: Die Bilderberg-Gruppe gibt es tatsächlich. Sie wurde vor 50 Jahren gegründet und hält seitdem jährliche Treffen ab. Es ist ohne Zweifel eine geheimnisvolle Organisation. Sie hat kein Aushängeschild, es gibt nicht einmal eine Website, und man ist äußerst bemüht, die Orte der Konferenzen, die jedes Jahr an einem anderen Ort stattfinden, strengstens geheim zu halten. Zu den Mitgliedern gehören viele der mächtigsten Personen der Welt, z. B. Henry Kissinger und Paul Wolfowitz, sowie viele Rockefellers, Fords und Agnellis. Für die Verschwörungstheoretiker ist es besonders bedeutsam, dass Margaret Thatcher,

Bill Clinton und Tony Blair alle an den Treffen teilnahmen, bevor sie zu den Führern ihrer Nationen gewählt wurden. Zufall? Vielleicht.

Es bleibt abzuwarten, ob es John Edwards, ein hoffnungsvoller Kandidat der Demokraten und Bilderberg-Gast im Jahr 2005, jemals bis ganz bis nach oben schafft.

Geheime Treffen

Was wissen wir nun über diese Organisation? Sie wurde 1954 gegründet und hat ihren Namen von einem Hotel in den Niederlanden, in dem die allererste Konferenz abgehalten wurde. Gründungsmitglieder waren der britische Politiker Denis Healey, Józef Retinger, David Rockefeller und Bernhard, Prinz der Niederlande, dem oft vorgeworfen wurde, dass er in seiner Jugend ein Mitglied der NSDAP gewesen war (wie das allerdings zu der Theorie passt, dass die Bilderberg-Gruppe eine jüdische Verschwörung sei, ist eher rätselhaft).

Die Gruppe hat ihren Verwaltungssitz noch immer in den Niederlanden. Im Städtchen Leiden gibt es sogar ein Büro, aber wenn man dort anruft, hört man nur eine anonyme Bandansage.

Der offizielle Zweck der Gruppe – zumindestens der öffentlich bekannte – ist eine Verbesserung der Beziehungen zwischen Westeuropa und Nordamerika durch informelle Treffen hochrangiger Personen. Wenn man von einer Tagesordnung reden wolle, so sagte Gründungsmitglied Lord Healey, sei es die Verbreitung der Demokratie auf der ganzen Welt. Zu diesem Zweck stellt ein Komitee jedes Jahr eine Einladungsliste auf. Darauf stehen bis zu hundert Namen – alle von Europäern oder Nordamerikanern. Die Treffen finden jedes Jahr in einem anderen Land statt. Die Finanzierung der Konferenzen, bei denen die Führungspersönlichkeiten aus Politik und Wirtschaft zusammenkommen, erfolgt durch Spenden freundschaftlich gesinnter Firmen wie Nokia oder Fiat. Die Liste der Teilnehmer wird sogar veröffentlicht, die Themen, die angesprochen werden, aber nicht. Die Teilnehmer müssen sich verpflichten, nicht über die Konferenzen zu sprechen. Diese Geheimniskrämerei bietet natürlich viel Raum für Spekulationen und liefert den Verschwörungsenthusiasten ausreichend Munition. Die Bilderberger sagen jedoch von sich selbst, es gehe nicht um Geheimnisse, sondern um Privatsphäre. Diese sei einfach unerlässlich, wenn sich die Prominenten frei äußern wollten, ohne dabei die Aufmerksamkeit der Medien auf sich zu ziehen.

Finstere Absichten?

Eines ist sicher: Nur wenige Menschen haben jemals eine Einladung zu einer Bilderberg-Konferenz abgelehnt, denn eine Teilnahme ist der Karriere immer dienlich.

Einige sagen, dass unsere Welt eben so funktioniert. Es gibt unzählige Privatklubs, in denen sich die Reichen und Mächtigen abseits der Öffentlichkeit treffen – und die Bilderberg-Konferenz ist eben nur das exklusivste Treffen von allen.

Die Mitglieder geben an, dass die Bilderberg-Gruppe eine friedliche Organisation sei: eine Ideenschmiede, die sich der liberalen Demokratie verschrieben hat, und deren einziges Interesse die Verbesserung der Welt ist. Ihre Kritiker argumentieren dagegen, dass die Gruppe finstere Absichten habe. Sie glauben nicht, dass eine Gruppe, die sich offen der Demokratie verschrieben hat, es beispielsweise nötig hat, sich so zu verstecken. Bestenfalls sei sie ein Motor der Globalisierung, eine Organisation, die eine eintönige neue Welt erschaffen will, in der wir alle das Gleiche essen, das Gleiche im Fernsehen anschauen und den gleichen Politikern glauben. Kurz gesagt: eine Welt, in der es dann wirklich nur noch um den Profit geht.

Andere sind der Ansicht, dass die Ziele der Bilderberger noch viel weiter gehen. Sie behaupten, dass Bilderberg eine aktiv neonazistische Organisation ist, die am Aufbau einer faschistischen Weltordnung arbeitet. Wieder andere sagen, dass die Gruppe nur das neueste Aushängeschild der Illuminaten sei, welche die Welt seit Jahrhunderten im Geheimen regierten.

Was ist die Bilderberg-Gruppe nun wirklich? Eine friedliche Denkfabrik oder eine finstere Verschwörung? Für die extremeren Anschuldigungen gibt es so gut wie keine Beweise. Die Behauptung, dass Bilderberg eine Organisation ist, die sich der Globalisierung verschrieben hat, scheint aber Substanz zu haben. Es ist sicher kein Zufall, dass im Jahr 2005 Melinda Gates, die Frau des Überglobalisierers Bill Gates, eine der Auserwählten war. Die Globalisierung ist nun aber nicht gerade ein Geheimprojekt. Um das zu erkennen, muss man nur einmal durch eine Einkaufsstraße laufen, egal ob in Berlin oder Baltimore. Des Pudels Kern ist wohl eher, dass sich heute die politische, wirtschaftliche und mediale Macht zunehmend auf einige wenige Menschen konzentriert – und die Bilderberg-Gruppe ist ein Teil davon. Sie ist eine Ansammlung von Personen, deren Macht unser Leben ohnehin schon dominiert und die einfach ihre Interessen weiter fördern wollen.

Die Illuminaten

Der Geheimbund der Illuminaten ist einer der größten Prüfsteine aller Intrigen und Komplotte. Die Verschwörungstheoretiker glauben, dass diese eine Gruppe hinter praktisch allem steckt, was auf der Welt vor sich geht: ob Kapitalismus oder Kommunismus, Zionismus oder Katholizismus. Die britische Königsfamilie, amerikanische Präsidenten, die Freimaurer und die Templer, ja sogar Außerirdische – alle haben irgendwie mit den Illuminaten, diesen geheimen Herrschern der Welt, zu tun. Und die Tatsache, dass es keinerlei Beweise für ihre Existenz gibt, gilt natürlich als eindeutiger Nachweis ihrer Allmacht und nicht etwa dafür, dass es sie womöglich gar nicht gibt.

Wer sind – oder vielmehr waren – diese Illuminaten nun, und warum schreibt man ihnen so außergewöhnliche Macht zu? Der erste Teil der Frage ist leicht zu beantworten: Der Illuminatenorden wurde im späten 18. Jahrhundert in Bayern vom ehemaligen Jesuiten Adam Weishaupt gegründet. Er war Professor für Kirchenrecht an der Universität von Ingolstadt. Als begeisterter Anhänger der Aufklärung gründete er eine Gruppe aus gleichgesinnten, republikanischen Freidenkern. Sie musste allerdings geheim bleiben, denn damals war es sehr gefährlich, solche Ideen zu haben, geschweige denn, sie zu äu-

Adam Weishaupt, ein politischer Radikaler des 18. Jahrhunderts und
Gründer des Illuminatenordens.

ßern. Zusammen mit Adolph Freiherr von Knigge rief er am 1. Mai 1776 den „Bund der Perfektibilisten" ins Leben. Seine Mitglieder waren jedoch schon bald eher als die „Illuminaten" oder als „Illuminatenorden" bekannt.

Viele, die von dieser neuen Bewegung angezogen wurden, waren bereits Freimaurer. So entstand auch die Verbindung zwischen den beiden so unterschiedlichen Gruppen. Die Mitglieder des Illuminatenordens mussten ihren jeweiligen Vorgesetzten Gehorsam schwören und waren in drei Klassen aufgeteilt: Die erste Klasse war die „Pflanzschule". Sie bestand aus den Graden Novize, Minerval und Illuminatus Minor. Die zweite Klasse, die „Maurerklasse", hatte die Grade Lehrling, Geselle, Meister, Illuminatus Major und Illuminatus Dirigens. Die dritte Klasse war die „Mysterienklasse" mit den Graden Priester und Regent sowie den allerhöchsten Graden Magus und Rex.

In den ersten Jahren nach ihrer Gründung gelang es den Illuminaten, sich in fast allen europäischen Ländern auszubreiten. Viele einflussreiche Intellektuelle und fortschrittliche Politiker wurden zu Mitgliedern. Darunter befanden sich auch Koryphäen wie Johann Wolfgang von Goethe und die Herzöge von Gotha und Weimar. Insgesamt hatte die Gruppe damals etwa 2000 Mitglieder.

Die allzu radikalen Ideen der Illuminaten zogen jedoch schon bald den Missmut der mächtigen katholischen Kirche auf sich. 1784 gelang es der Kirche, die bayerische Regierung davon zu überzeugen, sämtliche Geheimbünde, inklusive der Freimaurer und der Illuminaten, zu verbieten. Offiziellen Berichten zufolge verschwanden die Illuminaten danach von der Bildfläche. Der Orden litt ohnehin bereits unter diversen internen Streitigkeiten und wurde im Jahr 1790 vollständig aufgelöst.

Eine Weltregierung

Kaum waren die Illuminaten offiziell aufgelöst, begann die Gerüchteküche bereits zu brodeln. 1797, also nur sieben Jahre später, veröffentlichte der französische Geistliche Abbé Augustin Barruél ein Buch mit dem Titel *Nachrichten zur Erörterung der Geschichte der Entstehung, der Fortschritte und der Folgen der Jakobiner in und außer Frankreich,* in dem er eine große Verschwörungstheorie rund um die Illuminaten, die Templer, die Rosenkreuzer und die Jakobiner aufstellte.

Im darauffolgenden Jahr veröffentlichte John Robison, ein schottischer Professor der Naturgeschichte, den ersten Teil seines Buches mit dem etwas sperrigen Titel *Proofs of a Conspiracy Against all the Religions and Governments of Europe, Carried on in the Secret Meetings of Free Masons, Illuminati, and Reading Societies, Collected from Good Authorities.* Robisons Theorie zufolge planten die Illuminaten, sämtliche Religionen durch den Humanismus und alle einzelnen Nationen durch eine Weltregierung zu ersetzen.

Die Beziehung zwischen den Illuminaten und den Freimaurern sowie ihre angeblich finsteren Manipulationen der Gesellschaft wurde immer ernster genommen. Nicht alle waren jedoch davon überzeugt. Niemand anderes als der amerikanische Präsident Thomas Jefferson erklärte, dass er durchaus verstehen könne, warum sich der Illuminatenorden geradezu zur Geheimhaltung genötigt fühlte:

Während Weishaupt unter der Tyrannei eines Despoten und der Priester lebte, erkannte er, dass selbst bei der Verbreitung von Informationen und den Prinzipien der wahren Moral Vorsicht geboten war … Hätte Weishaupt hier geschrieben, wo keine Geheimnistuerei nötig ist, um die Menschen aufzuklären, hätte er keine geheime Gesellschaft zu diesem Zweck gründen müssen.

Natürlich sahen die Verschwörungstheoretiker diese Äußerung als Beweis für Jeffersons Mitgliedschaft bei den Illuminaten an. Es dauerte dann auch nicht lange, bis es die ersten Gerüchte über die Verwicklung der Illuminaten in die amerikanische Politik gab. Das Symbol des Allsehenden Auges auf dem Großen Siegel der Vereinigten Staaten, das auch auf den Dollarnoten zu sehen ist, wurde als Geheimzeichen der Illuminaten ausgelegt. Damit wollten sie angeblich zeigen, dass ihr wachsames Auge immer auf den Amerikanern ruhte. Es heißt auch, dass die geheime „Schädel-und-Knochen-Gesellschaft" („Skull and Bones") der Universität Yale von einem amerikanischen Ableger des Illuminatenordens gegründet wurde.

In letzter Zeit wurden die Theorien rund um die Illuminaten zunehmend bizarrer. In vielen Büchern und im Internet wird behauptet, dass die Illuminaten an nahezu allem schuld sind – von der Ermordung Präsident Kennedys bis hin zur Gründung der Zeugen Jehovas. Die Tatsache, dass es nirgendwo Beweise für die Existenz dieser Gruppe gibt, ist für viele Beweis für ihre geheimen Machenschaften.

Außerirdische Reptilien

Die zweifellos ungewöhnlichste Theorie bezüglich der Illuminaten stellte aber wohl der ehemalige britische Fußballspieler und Sportkommentator David Icke auf: Seiner Ansicht nach sind die Illuminaten tatsächlich die geheimen Herrscher der Erde, aber ihre Existenz reicht weiter zurück als bis ins Jahr 1780. Denn in Wahrheit seien die Illuminaten reptilienartige Außerirdische, die schon seit Jahrtausenden die Erde kontrollieren. Dabei operierten sie aus der vierten Dimension heraus (was natürlich erklärt, warum sie noch nie jemand gesehen hat).

Während Ickes Theorie nun nicht gerade viele Anhänger hat, gibt es trotzdem viele Menschen, die an die Existenz der Illuminaten an sich glauben – wenn auch nicht unbedingt in Reptilienform. Es ist natürlich möglich, dass sich die Mächtigen dieser Welt in Geheimbünden organisieren. Dass sie aber deswegen ausnahmslos alle einer freimaurerartigen Gruppe von Freidenkern angehören, ist mehr als unwahrscheinlich. Oder vielleicht wollen uns das die reptilienartigen Herrscher dieser Welt ja auch nur glauben machen?

Die Geheimnisse der katholischen Kirche

Der Templerorden

Die Kirche war von Beginn an eine Zielscheibe für alle Verschwörungsanhänger. In früheren Jahrhunderten wären diese Zweifler als Ketzer verbrannt worden. In unserer Zeit veröffentlichen sie ihre wilden Theorien im Internet oder schreiben Bestseller.

Zwei Themen, welche die Anhänger der Verschwörungstheorien besonders begeistern, sind der Templerorden und der Heilige Gral. Die Templer waren ein Kreuzritterorden, der seinen Stützpunkt in Jerusalem zur Zeit der Kreuzzüge hatte. Angeblich waren sie unglaublich reich, und sie wurden so mächtig, dass König Philipp IV. von Frankreich 1307 einen Feldzug gegen sie führte. Mitglieder des Ordens wurden verhaftet und gefoltert, bis sie ihre Ketzerei gestanden. Ihr Einfluss dauerte aber vor allem in Portugal und Schottland noch viele Jahre an, bevor sie langsam, aber sicher von der Bildfläche verschwanden. Viele glauben aber, dass der Orden nur in den Untergrund ging, anstatt sich aufzulösen, und dass er noch heute existiert.

Der Heilige Gral

Noch geheimnisvoller als die Templer ist der Heilige Gral, eines der größten Mysterien des Christentums. Der Heilige Gral ist angeblich das Gefäß, in dem das Blut Jesu bei der Kreuzigung aufgefangen wurde. Es heißt, dass der Becher von einem Freund Jesu, Josef von Arimathäa, aufbewahrt wurde, der ihn später vielleicht nach Frankreich oder nach Glastonbury in England gebracht habe. Einige glauben, dass der Gral später wieder nach Jerusalem ins Heilige Land kam, andere behaupten, dass er in Genua, Valencia oder in Rosslyn Chapel in Schottland aufbewahrt wurde. Einigen Berichten nach könnte er allerdings auch in die Hände der Templer gefallen sein. Aber wo auch immer er sich befindet: Im Lauf der Zeit wurde er zu einem mythischen Gegenstand, dem magische Kräfte nachgesagt werden.

Seit Jahrhunderten kreisen die Gerüchte über den Heiligen Gral und die Templer, aber in *Der Heilige Gral und seine Erben,* einem Bestseller von 1982, wird behauptet, dass sich hinter diesen Mysterien ein noch viel größeres Geheimnis verbirgt – eines, das den christlichen Glauben mitten ins Herz trifft. Den Autoren zufolge war der Gral gar kein Gefäß, denn es handelte sich nur um einen biblischen Übersetzungsfehler. Der wahre Schatz des Christentums sei nicht der Heilige Gral, sondern das Heilige Blut: Nicht die Existenz eines Gefäßes, sondern einer Blutlinie Christi sei das eigentliche Geheimnis.

Die Magdalenenverschwörung

Wenn man dieser Theorie glaubt, so hatte Jesus zwei Kinder – die Früchte seiner geheimen Ehe mit Maria Magdalena. Diese Kinder wurden von Maria Magdalena und Josef von Arimathäa nach Frankreich gebracht. Das ältere Kind starb, aber der zweite Sohn wuchs auf und bekam eigene Kinder, deren Nachfahren zwischen dem 5. und 8. Jahrhundert n. Chr. das Geschlecht der Merowinger und somit Könige Frankreichs waren. Nach deren Sturz wurde ihr Erbe vom Templerorden beschützt. Dieses große Geheimnis der Merowinger wurde zusammen mit den Beweisen sorgfältig versteckt. Es gab im Lauf der Jahrhunderte nur sehr wenige und eher obskure Hinweise auf ihr Vorhandensein.

Mit der Auflösung des Templerordens verschwanden der Theorie zufolge dann auch sämtliche Beweise für die Existenz von Nachfahren Jesu für mehr als 500 Jahre von der Bildfläche. Erst 1885 begann der junge Priester François Bérenger Saunière aus Rennes-le-Château, einem uralten Städtchen in den französischen Pyrenäen, das Geheimnis zu erforschen.

Während der Restaurierung einer Kirche aus dem 6. Jahrhundert fand Saunière eine Reihe von Pergamenten, die in einer hohlen Säule versteckt waren. Diese Pergamente enthielten einige Stammbauminformationen und eine Reihe von Kodizes. Angeblich machte das Geheimnis dieser Kodizes den Priester Saunière zu einem reichen Mann, und er gab später viel Geld für den Erwerb von eher merkwürdigen Artefakten für seine Kirche aus.

Die Bruderschaft vom Berg Zion

Mit Saunières Tod verlief die Spur zunächst wieder im Sand. Sie wurde später von Pierre Plantard wiederbelebt, der ausführlich über die Geheimnisse von Rennes-le-Château schrieb. Er behauptete, dass das Wissen um die Erben Jesu in den Händen einer geheimnisvollen Organisation, der sogenannten Bruderschaft vom Berg Zion, ruhe.

Berühmte Mitglieder dieser Gruppe seien beispielsweise Leonardo da Vinci und Isaac Newton gewesen.

Diese These überzeugte aber nur wenige Historiker. Viele waren sehr amüsiert, als sie erfuhren, dass Pierre Plantard selbst die Bruderschaft hatte registrieren lassen – auf seinen Namen. Er hatte auch Dokumente gefälscht, die angeblich von Saunière entdeckt worden waren und aus denen hervorging, dass Plantard natürlich auch selbst ein Nachfahre der Merowinger und damit Jesu Christi war.

Diese höchst unterhaltsame, aber sehr unwahrscheinliche Theorie bildete übrigens auch die Basis für den Bestseller *Sakrileg* von Dan Brown.

Der Bankier Gottes:
Der Tod Roberto Calvis

1982 schockierte der Tod Roberto Calvis, der aufgrund seiner Beziehungen zum Vatikan den Spitznamen „Bankier Gottes" trug, die Welt. Er wurde erhängt unter der Blackfriars Bridge in London gefunden. Anfangs ging man von einem Selbstmord aus, aber recht bald wurde klar, dass es sich höchstwahrscheinlich um einen Mord handelte. Bei der Untersuchung des Falles kamen beunruhigende Hinweise ans Tageslicht, denn es sah so aus, als ob nicht nur Italiens größte Privatbank und eine geheime italienische Freimaurerorganisation, sondern auch der Vatikan selbst in Calvis zwielichtige finanzielle Machenschaften verstrickt seien. Bis heute ist nicht endgültig geklärt, was damals tatsächlich passiert ist. Es scheint jedoch, dass der Vatikan direkt oder indirekt in den politischen und finanziellen Skandal verwickelt war.

Zwielichtige Machenschaften

Zum Zeitpunkt seines Todes war der 62-jährige Roberto Calvi ein überaus erfolgreicher Geschäftsmann und Vorsitzender der Banco

Ambrosiano in Mailand. Im Lauf seiner Karriere hatte er aus der ehemals kleinen Bank ein internationales Finanzimperium gemacht. 1978 führte die Banca d'Italia eine Untersuchung bei der Banco Ambrosiano durch. Man fand heraus, dass von dort aus Milliarden Lire illegal außer Landes gebracht worden waren. Calvi floh, und die Bank ging in Konkurs. Drei Jahre später wurde er verhaftet und zu vier Jahren Gefängnis verurteilt. Nach einer kurzen Haftzeit wurde er auf Kaution entlassen, da seine Anwälte in Berufung gegangen waren. Zum Zeitpunkt seiner Ermordung liefen noch weitere Verfahren gegen ihn – wegen betrügerischer Geschäfte, die er zusammen mit dem sizilianischen Bankier Michele Sindona in den USA getätigt hatte.

Im Zuge der Untersuchungen kam nun heraus, dass der Vatikan Aktien der Banco Ambrosiana besaß und dass Calvi in enger Verbindung zu Erzbischof Paul Marcinkus, dem Direktor der Vatikanbank, stand. Von der Banco Ambrosiano aus waren riesige Summen in das „Institut für religiöse Werke" geflossen, das ebenfalls von Marcinkus geleitet wurde. Es gab Spekulationen, dass diese Gelder zur Finanzierung rechtsgerichteter Regimes in Lateinamerika, die den USA und dem Vatikan freundlich gesinnt waren, verwendet wurden. Ein weiterer Spieler in diesem komplexen Spiel war Licio Gelli, ein ehemaliger Nationalsozialist, der die freimaurerartige Loge „Propaganda Due" (oder auch P2) anführte. Die über 1000 Mitglieder dieser geheimen Organisation setzten sich aus bekannten Politikern, Geschäftsleuten und Kriminellen zusammen, die sich im Geist des Antikommunismus vereint hatten und sich voll und ganz der Erweiterung ihrer persönlichen Macht verschrieben hatten.

Rechts: Roberto Calvi 1981 nach seiner dreijährigen Flucht vor Gericht in Mailand. Er wurde wegen Betruges zu vier Jahren Gefängnis verurteilt, aber während der Berufung gegen Kaution entlassen.

Es war Mord

1992 ließ Calvis Familie seine Leiche exhumieren, und später wurde das Selbstmordurteil widerrufen. Es sickerte durch, dass man Calvi mit fünf Backsteinen in der Tasche und auf dem Rücken gefesselten Händen vorgefunden hatte. Außerdem wies sein Hals keinerlei Verletzungen auf, und auf den Steinen waren keine seiner Fingerabdrücke. Es war kein Selbstmord aufgrund finanziellen Ruins, sondern ein kaltblütiger Mord. Calvi war von den Feinden, die er sich in der Welt der Hochfinanz und des organisierten Verbrechens gemacht hatte, ermordet worden.

Der Mord wies alle Merkmale einer Mafia-Hinrichtung auf. Die Polizei in Rom und London begann, mehrere Verdächtige aufzuspüren: Pippo Calo, ein Mitglied der sizilianischen Mafia; Flavio Carboni, einen Geschäftsmann mit Verbindungen in die ganze Welt; Carbonis Ex-Freundin, Manuela Kleinzig; Ernesto Diotallevi, den Anführer der kriminellen römischen Organisation „Banda della Magliana"; und den ehemaligen Mafia-Finanzier Francesco Di Carlo. Am 18. April 2005 wurden Calo, Carboni, Kleinzig und Diotallevi in London wegen Mordes angeklagt.

Unheiliges Gesindel

In den letzten Jahren wurde immer wieder spekuliert, dass Calvi ermordet wurde, um zu verhindern, dass er eine Verbindung zwischen dem Vatikan, den P2-Freimaurern und der Mafia aufdeckte. Zu Zeiten der Banco Ambrosiano flossen gewaltige Summen in den Säckel des Vatikans, was letztendlich zum Bankrott der Bank und vieler ihrer Aktionäre führte. Am Tag vor dem Tod Calvis beging seine Sekretärin

Teresa Corrocher zudem Selbstmord, indem sie aus einem Fenster im Hauptsitz der Bank sprang. Sie hinterließ eine Nachricht, dass alles die Schuld ihres Chefs sei.

Es scheint, dass Calvi und Gelli unter einer Decke gesteckt haben. Calvi leitete Geld von der Banco Ambrosiano und der Vatikanbank an Gelli weiter, der damit politische Geschäfte, wie den Verkauf von Exocet-Raketen von Frankreich an Argentinien, aushandelte. In den Augen vieler Kritiker verhielt sich der Vatikan wie ein Land mit rechtsgerichteten Interessen und unterstützte jedes Unternehmen finanziell, das günstig für den Papst und die katholische Kirche erschien – sei es in Lateinamerika oder in Europa. Das geschah im Geheimen und ohne Rücksicht auf demokratische oder hoheitliche Rechte der Länder. Falls diese Informationen jemals bekannt geworden wären, hätten sie dem Papst und dem Vatikan unermesslichen Schaden zugefügt – und beide pflegen ja gern ihren Ruf, über politischen Angelegenheiten zu stehen.

Der Tod Johannes Pauls I.

Als Johannes Paul I. 1978 zum Papst gewählt wurde, sah es so aus, als ob einige der Aktivitäten des Erzbischofs Marcinkus und seines „Instituts für religiöse Werke" nun enden müssten. Johannes Paul I. starb jedoch nur 33 Tage nach seinem Amtsantritt. Anscheinend hatte der Papst einen Herzinfarkt erlitten und war ihm erlegen. Nicht wenige vermuteten jedoch ein faules Spiel, denn es gab einige Auffälligkeiten, die von den Ärzten im Vatikan nicht besonders klug gehandhabt wurden. Die Pressestelle des Vatikans machte bei der Bekanntgabe des Todes einige Fehler. Gemäß vatikanischem Recht wurde keine Autopsie durchgeführt, was wiederum für Spekulationen sorgte, dass etwas nicht stimmte. In der darauf folgenden Kontroverse behaupteten einige, der Papst sei ermordet worden. So sagte etwa David Yallop in seinem Buch *Im Namen Gottes?*, dass der Papst vom ersten Augenblick an in Gefahr gewesen sei. John Cornwell wies diese Theorie in seinem Buch *Wie ein Dieb in der Nacht* zurück und behauptete, dass der Papst an einer Lungenembolie gestorben sei. Außerdem war er der Ansicht, dass der Vatikan eher inkompetent als kriminell gehandelt hatte. Aber was auch immer die Wahrheit ist: Es sieht so aus, als hätte der Vatikan bezüglich seiner Machenschaften, inklusive der Calvi-Affäre, vor allem in den 1970er- und 1980er-Jahren einiges zu verbergen. Aber vielleicht erfahren wir es ja eines Tages.

Schädel und Knochen

Was für ein Zufall! Bei den amerikanischen Präsidentschaftswahlen 2004 waren beide Kandidaten – der Amtsinhaber George W. Bush und der demokratische Herausforderer John Kerry – Mitglieder des gleichen Geheimbundes. Dieser Bund nennt sich „Schädel und Knochen" (Skull and Bones). Er hat seinen Sitz an der Universität Yale, und seine Mitglieder dürfen unter keinen Umständen über ihn sprechen. Das zeigte sich, als beide bei der Fernsehsendung „Meet the Press" nach ihrer Mitgliedschaft befragt wurden und verblüffend ähnliche Antworten gaben: „Es ist so geheim, dass wir nicht darüber sprechen können", sagte Präsident Bush, und Kerry antwortete: „Es gibt nichts zu sagen, es ist ein Geheimnis."

Was wissen wir über diese mysteriöse und mächtige Organisation? Schädel und Knochen wurde 1832 von dem Yale-Studenten William H. Russell gegründet. Er war der Spross einer reichen Familie, die ihr Geld mit dem Opiumhandel verdient hatte. Bevor er nach Yale ging, hatte Russell einige Zeit in Deutschland verbracht, wo er vermutlich in einen Geheimbund eingeführt worden war, dieser Geheimbund dem Illuminatenorden nachempfunden, der 50 Jahre zuvor in Deutschland seine kurze Blütezeit erlebt hatte.

Aufgrund dieser Erfahrung gründete Russell zusammen mit seinem Freund Alphonso Taft Schädel und Knochen. Einige glauben, dass die Organisation ein amerikanischer Ableger der Illuminaten werden sollte. Andere sind der Ansicht, dass es nur Russell und Tafts Reaktion auf die Ablehnung ihrer Aufnahme in die angesehene Phi-Beta-Kappa-Bruderschaft war.

Geheimbünde hatten in den Vereinigten Staaten zu dieser Zeit einen schlechten Ruf. Besonders Präsident John Quincy Adams warnte vor den Übeln des Freimaurertums. Trotzdem hatten die geheimen Organisationen immer schon eine starke Anziehungskraft – und Schädel und Knochen bildete da keineswegs eine Ausnahme.

Das Geheimnis der Gruft

Gegen 1856 florierte die Organisation derart, dass sie sich ein eigenes Hauptquartier bauen konnte – ein ungewöhnliches, fensterloses und mausoleumartiges Gebäude, das bei den Mitgliedern nur als „die Gruft" bekannt war. Inzwischen hatte der Bund auch seine eigene Holdinggesellschaft, die Russell Trust Association, die sich um Investitionen kümmerte. Die damalige Mitgliederstruktur wurde bis heute beibehalten. Jedes Jahr werden nur 15 der brillantesten Köpfe (oder diejenigen mit den besten Beziehungen) von den „Knochenmännern" ausgewählt. Bereits nach kürzester Zeit galt das als große Ehre.

Der Grund ist nicht schwer zu verstehen: In den 1980ern wurde eine Liste mit ehemaligen Knochenmännern veröffentlicht, auf der Mitglieder der reichsten und mächtigsten Dynastien der USA aufge-

Rechts: Senator John Kerry (links) und US-Präsident George W. Bush geben sich am Ende der ersten Fernsehdebatte am 30. September 2004 in der Universität von Miami in Coral Gables (Florida) die Hand.

führt sind. Die Familien Whitney, Adams, Rockefeller usw. standen neben so bekannten Persönlichkeiten wie US-Präsident William Taft, Politkommentator William F. Buckley, Time-Life-Gründer Henry Luce, Dichter Archibald MacLeish und Morgan-Stanley-Gründer Harold Stanley.

Auch drei Generationen der Bush-Familie stehen auf der Liste: neben Präsident George W. Bush sein Vater, der ehemalige Präsident George H. W. Bush, und sein Großvater, Senator Prescott Bush. Prescott Bush wird nachgesagt, eine der wertvollsten der vielen gruseligen Trophäen, die in der Gruft aufbewahrt werden, gestohlen zu haben: den Schädel von Geronimo, der extra für die Gesellschaft aus seinem Grab gestohlen worden war. Es heißt, dass in der Gruft auch das Geschirr Adolf Hitlers steht, das bei Festessen verwendet wird.

Nicht nur Prominente sind Mitglieder der Schädel und Knochen. Häufig sind es einflussreiche, aber in der Öffentlichkeit kaum bekannte Personen wie Richter, Mitarbeiter der Regierung und der CIA. Der Geheimbund erweist sich geradezu als Segen für viele Verschwörungstheoretiker. Wenn man beispielsweise liest, dass die Illuminaten in den Bau und die anschließende Nutzung der Atombombe verstrickt waren, dass sie die treibende Kraft in der Besetzung Nachkriegsdeutschlands waren, dass sie eine wichtige Rolle in der Außenpolitik der USA nach dem Krieg spielten und dass sie großen Einfluss auf weitgehend unbekannte, aber überaus mächtige Gremien wie den Rat für auswärtige Beziehungen und die Trilaterale Kommission haben, ist das aber eher mit Vorsicht zu genießen. Im Falle der Schädel und Knochen ist es hingegen die Wahrheit.

Andererseits ist es nicht ungewöhnlich, dass eine Reihe von mächtigen Personen dem gleichen Klub angehören. Weist das schließlich nicht darauf hin, dass sie die Klügsten und Besten an einer Eliteuniversität waren? Es scheint dann nur natürlich, dass sie später das Schicksal eines Landes bestimmen würden.

Sexuelle Vorgeschichte

Stimmt nicht, sagen die Verschwörungstheoretiker und verweisen auf die bizarren Aufnahmerituale und die Geheimniskrämerei. Zu den Ritualen gehört, dass man in einem Sarg liegt und den anderen Initiaten alles über seine sexuelle Vorgeschichte erzählt – und sich dabei möglicherweise für Erpressungen angreifbar macht. Die Geheimhaltung selbst wirkt höchst suspekt, und die finanzielle Unterstützung, die der Bund seinen Mitgliedern bietet, macht es auch nicht besser. Manche vergleichen den Schwur des Bundes sogar mit der Omerta, dem Kodex der Mafia. Dazu sagte der führende Schädel-und-Knochen-Experte Ron Rosenbaum: „Ich denke, die Schädel und Knochen sind ein bisschen erfolgreicher als die Mafia. Während alle führenden Paten der fünf großen Mafiafamilien 100 Jahre lang im Gefängnis sitzen, sitzen die Anführer der Schädel-und-Knochen-Familien vier bzw. acht Jahre lang im Weißen Haus."

Die Protokolle der Weisen
von Zion

Die sogenannten Protokolle der Weisen von Zion gehören zu den erfolgreichsten und langlebigsten Verschwörungstheorien. Im frühen 20. Jahrhundert waren sie erstmals in Russland im Umlauf. Sie schienen eine Art Handbuch für die Weltherrschaft zu sein, das von einer mysteriösen Kabale jüdischer Gelehrter verfasst worden war. Die Protokolle wurden dazu verwendet, die Angst vor einer internationalen jüdischen Verschwörung mit dem Ziel der Weltherrschaft zu schüren. Sie funktionierten dabei so gut, dass sie im Lauf des Jahrhunderts immer wieder zum Einsatz kamen. Wo auch immer es einen Aufschwung des Antisemitismus gab – von Hitlerdeutschland bis zu den Trainigslagern der al-Qaida –, fand man garantiert eine Kopie der Protokolle der Weisen von Zion.

In ihrer aktuellen Form scheinen diese Protokolle zwar erst zum Ende des zaristischen Russlands hin aufgetaucht zu sein, aber ihre Wurzeln liegen in der Mitte des 19. Jahrhunderts. Die Geschichte beginnt mit dem damals überaus beliebten französischen Roman *Die Geheimnisse von Paris* von Eugène Sue, in dem eine Gruppe von

Jesuiten die Weltherrschaft an sich reißen will. Die Idee wurde vom französischen Satiriker Maurice Joly aufgegriffen, der sie in seinem Buch *Gespräche in der Unterwelt* benutzte, in dem er die politischen Ambitionen des damaligen französischen Kaisers Napoleon III. angriff.

Im Jahr 1868 schrieb Hermann Gödsche, ein deutscher Antisemit und Spion, das Buch *Biarritz*. Darin enthalten ist ein Kapitel mit dem Titel „Der jüdische Friedhof in Prag und die Versammlung der Repräsentanten der zwölf Stämme Israels". In dem Kapitel beschreibt er das Treffen einer angeblichen geheimen, rabbinistischen Kabale, die sich alle 100 Jahre um Mitternacht auf dem Friedhof traf, um das weitere Vorgehen der jüdischen Weltverschwörung zu planen. Das ganze Szenario war eindeutig aus einem Roman von Alexandre Dumas „geborgt", während die angebliche Verschwörung direkt aus *Gespräche in der Unterwelt* stammte.

Geheimpolizei

Offensichtlich traf es einen wunden Punkt, aus verschwörerischen Jesuiten oder toten Philosophen Juden zu machen. Um 1890 herum begannen Kopien dieses Kapitels aus Gödsches Buch – das inzwischen als Tatsache und nicht mehr als Fantasie angesehen wurde –, in Russland zu zirkulieren. Es dauerte nicht lang, bis die Geheimpolizei des Zaren, die Ochrana, die Popularität des Materials bemerkte. Einer ihrer Agenten, Matwei Golowinski, schrieb die angebliche zionistische Verschwörung dann auf Buchgröße. Das Buch, das wir heute als *Die Protokolle der Weisen von Zion* kennen, wurde großflächig in Umlauf gebracht und hatte zweifellos einen großen Einfluss auf das Aufflammen des Antisemitismus, der Russland 1905 bis 1906 überschwemmte.

Führende Mitglieder der NSDAP, darunter Julius Streicher (links), 1935 bei einer Kundgebung. Der Antisemitismus war ein Grundpfeiler der nationalsozialistischen Weltanschauung.

Eigenartigerweise wurde die Vision im Buch – die Übernahme eines Landes durch eine kleine Minderheit – nur ein Jahrzehnt später von der Wirklichkeit eingeholt, als die bolschewistische Revolution von 1917 Russland veränderte. Bereits nach kurzer Zeit sahen viele das als ein Zeichen dafür an, dass die Revolution Teil der jüdischen Verschwörung war. Juden und Kommunisten wurden nun gern in einen Topf geworfen, und die Protokolle galten als Beweis. In den 1920er-Jahren waren sie bei Rechten in Deutschland und in den USA sehr beliebt. Henry Ford selbst sponserte den Druck einer halben Million Exemplare in Amerika.

Dann begann ihre Entmystifizierung. Experten sahen sich die Dokumente an und erkannten, dass der Ursprung reine Fiktion war und keine historische Tatsache. 1920 veröffentlichte Lucien Wolf ein Exposé, in dem er die Protokolle bis zu den Werken Gödsches und Jolys zurückverfolgte. Bald darauf folgte die *Times* mit einem Artikel, und noch im gleichen Jahr wurde von Herman Bernstein in den USA ein Buch veröffentlicht, das den Schwindel aufdeckte.

Adolf Hitler

Man könnte glauben, das wäre das Ende der Geschichte gewesen. Leider nicht. In den 1920er-Jahren herrschte vor allem in Deutschland starker Antisemitismus. Adolf Hitler selbst bezog sich in *Mein Kampf* auf die Protokolle: „Wie sehr die Existenz dieser Menschen auf kontinuierlichen Lügen basiert, wird in den Protokollen der Weisen von Zion, die von den Juden so sehr gehasst werden, unvergleichlich dargestellt", schrieb er. Er erkannte zwar die Behauptungen an, dass das Buch eine Fälschung sei, ignorierte sie jedoch. Stattdessen erklärte er: „Mit geradezu erschreckender Gewissheit enthüllen sie die Natur und die Aktivitäten des Juden und legen seine innere Einstellung und seine ultimativen Ziele dar."

Nachdem die Nationalsozialisten in Deutschland an die Macht gekommen waren, wurde das Buch in den Schulen zur Pflichtlektüre und half dabei, die Verfolgung der Juden zu rechtfertigen. Es spielte für die deutschen Nationalsozialisten dabei keine Rolle, dass ein Schweizer gleicher Gesinnung 1934 vor ein Berner Gericht gestellt wurde, da er eine Reihe von Artikeln veröffentlicht hatte, in denen er die Protokolle als Wahrheit darstellte. Das Verfahren endete 1935 mit der Erklärung des Gerichts, dass es sich bei den Protokollen um Fälschungen, Nachahmungen und obszöne Literatur handelte. Was Hitler betraf, so fand er eine reißerische Lüge allemal besser als die Wahrheit und ignorierte das Urteil der Schweizer.

Obwohl die Protokolle so offensichtliche Fälschungen sind, verhinderte dies nicht ihre Verbreitung gerade in jüngster Zeit. In der arabischen Welt sind sie überall erhältlich, und im Iran, in Ägypten sowie in Saudi-Arabien sind sie überaus beliebt. Auch in den USA werden sie von Neonazis und Organisationen wie Louis Farrakhans „Nation of Islam" weiterhin als Fakten anerkannt. In Deutschland hingegen sind sie als Volksverhetzung verboten.

Die Geschichte der Protokolle beweist, dass eine mächtige Verschwörungstheorie nicht auf Fakten basieren muss, und lehrt uns, wie überaus gefährlich es sein kann, sie zu verbreiten.

Die Gemstone-Akte

Eine der empörendsten und zugleich unterhaltsamsten weltweiten Intrigen ist die geheimnisvolle Gemstone-Akte. Bei dieser Theorie wird im Grunde behauptet, dass die Mafia, an deren Spitze eine Zeit lang Aristoteles Onassis stand, in den 1950er- und 1960er-Jahren die USA kontrollierte.

Die echte Gemstone-Akte wurde angeblich aus Schriftstücken und Interviews eines Mannes mit Namen Bruce Roberts in San Francisco in den späten 1960ern und frühen 1970ern zusammengestellt. Der mysteriöse Roberts soll den synthetischen Rubin erfunden haben, der bei der Lasertechnik eingesetzt wird. Er behauptete jedoch, dass ihn Howard Hughes' Organisation um seine Erfindung betrogen hatte. Er erklärte außerdem, an einer Reihe von Geheimdienstoperationen beteiligt gewesen zu sein oder zumindest davon gewusst zu haben. Roberts besuchte öfter einen Pub in San Francisco, das Drift Inn, wo er die anderen Stammgäste – inklusiver einiger ehemaliger Agenten – mit seinen haarsträubenden Geschichten von dunklen Geheimnissen unterhielt. Einige davon wurden vom Wirt des Pubs aufgeschrieben. Andere brachte Roberts selbst zu Papier. Insgesamt beläuft sich die Akte wohl auf mehr als 1000 Seiten.

Genau weiß man es jedoch nicht, da nur wenige Menschen das Originalmanuskript jemals gesehen haben. Stattdessen haben sie *Skeleton Key To the Gemstone File* gelesen, eine 30-seitige Zusammenfassung des Originals von Stephanie Caruana, die von der Verschwörungstheoretikerin Mae Brussell von der Akte erfahren hatte. All das ist schwer nachzuprüfen, denn der geheimnisvolle Bruce Roberts starb 1975 (angeblich an Krebs), und Mae Brussell folgte ihm 1988. Was das Original betrifft, so gibt es laut Bill Keith, einem weiteren Verschwörungsfan, der ein Buch über die Gemstone-Akte geschrieben hat, nur vier oder fünf Kopien, von denen sich ihre Eigentümer aber keinesfalls trennen wollen.

Onassis, der Mafiaboss!

Was wir also tatsächlich vorliegen haben, ist Caruanas *Skeleton Key*. Das Dokument wurde erstmals in einem Artikel erwähnt, den Caruana für das *Playgirl*-Magazin verfasste. 1974 begann sie damit, Kopien des *Skeleton Key* selbst in Umlauf zu bringen. Diese wurden unzählige Male kopiert und verbreiteten sich rasend schnell unter den Anhängern von Verschwörungstheorien auf der ganzen Welt. Gerade weil viele der Kopien höchst illegal aussahen, gewann das Dokument im Untergrund an Glaubwürdigkeit und Popularität.

Was steht also gemäß dem *Skeleton Key* in der Gemstone-Akte? Im Grunde ist es eine alternative Geschichte der Nachkriegszeit, in der Verbindungen zwischen der CIA, dem FBI und der Mafia hergestellt werden. Außerdem wird der Versuch unternommen, den Tod von John F. Kennedy, Lyndon B. Johnson und Martin Luther King zu erklären. Ganz nebenbei werden noch Ted Kennedy, Richard Nixon und San Franciscos Bürgermeister Joe Alioto aufgeführt. Im Herzen des Komplotts befinden sich aber zwei schattenhafte Figuren: Howard Hughes und Aristoteles Onassis.

Glaubt man der Gemstone-Akte, so war Onassis ein Drogenhändler, der ein Vermögen beim Opiumhandel mit der Türkei gemacht hatte, bevor er eine Geschäftsbeziehung zu Joe Kennedy (JFKs Vater) einging. In den 1950er-Jahren stand Onassis dann an der Spitze der Mafia. In der Zwischenzeit „kaufte" Howard Hughes eine Reihe von Politikern, die der Ansicht waren, dass man das Präsidentenamt kontrollieren müsse. Onassis sah Hughes als Rivalen an, ließ ihn entführen und ersetzte ihn durch einen Doppelgänger (was erklärt, warum Hughes in seinen späteren Jahren zum Einsiedler wurde). Jetzt kontrollierte Onassis also sowohl die Mafia als auch einige wichtige Politiker. Bei der Präsidentschaftswahl im Jahr 1960 waren ihm beide Kandidaten, Kennedy und Nixon, verpflichtet, sodass er so oder so gewann.

Als Kennedy von der geplanten Invasion Kubas Abstand nahm, beschloss die Mafia, ihn beseitigen zu lassen. Und so geht es weiter. Jedes Attentat in den 1960er-Jahren konnte man auf die finstere Verschwörung schieben. Besonders bizarr war jedoch die Behauptung, dass Onassis den echten Howard Hughes auf seiner Privatinsel in Griechenland gefangen halte und dass er Jackie nur aus Rache an dem verräterischen John F. Kennedy geheiratet habe.

Von Gemstone zur Akte X

Insgesamt wirkt Onassis mehr wie ein Superbösewicht bei James Bond denn wie ein echter Mensch. Und vielleicht ist das der Schlüssel zur andauernden Popularität der Akte. Dies ist die Bond-Version der modernen Geschichte – bunter und aufregender, als es das wahre

Leben jemals sein könnte. Ein Komplott, wie es in der Gemstone-Akte dargestellt wird, hat so manchen Film beeinflusst, z. B. *JFK und Nixon* von Oliver Stone, oder auch beliebte Fernsehserien wie *Akte X.*

Ist eigentlich irgendetwas an der Gemstone-Akte glaubwürdig? Nun, einige der Theorien kann man durchaus etwas genauer betrachten. Dass es eine Verbindung zwischen Kennedy und der Mafia gab, scheint eindeutig zu sein. Die Akte wurde von jemandem geschrieben, der mit Sicherheit ein gewisses Maß an Insiderwissen hatte, aber dann eins und eins zusammenzählte und auf eine Million kam. Wer der wahre Autor der Gemstone-Akte ist, ist bis heute ungeklärt. Aber wer auch immer es war: Die Gemstone-Akte ist und bleibt ein bemerkenswert einflussreiches Stück Unterhaltungsliteratur.

Kapitel 3

Das Unbekannte

Bereits im 19. Jahrhundert spekulierte der Schriftsteller Jules Verne, ob es außerirdisches Leben gäbe. Aber erst in der zweiten Hälfte des 20. Jahrhunderts wurde daraus die enthusiastisch vertretene Überzeugung vieler. Die Frage an sich bleibt aber bestehen: Existieren außerirdische Lebensformen wirklich, sind sie Millionen Lichtjahre weit gereist, um uns zu besuchen – und haben sich die Regierungen der Erde zusammengetan, um alles zu vertuschen?

Der UFO-Absturz von Roswell

Der UFO-Absturz von Roswell im Juni 1947 bleibt eine der faszinierendsten Episoden in der Geschichte der UFO-Forschung. Für viele ist es der überzeugendste Beweis, dass es wirklich Außerirdische gibt, die in Raumschiffen durch das Weltall reisen und auch hier auf der Erde gelandet sind.

Die Geschichte beginnt 1947 mit dem Piloten Kenneth Arnold, der behauptete, am Himmel in der Nähe des Mount Rainier (Washington State) mehrere Flugobjekte gesehen zu haben. Er beschrieb, dass sie sich wie Untertassen, die auf einer Wasseroberfläche hüpften, bewegten. Der Reporter, der über die Story berichtete, prägte daraufhin den Ausdruck „Fliegende Untertasse", mit dem wir seitdem UFOs (unbekannte Flugobjekte) bezeichnen.

Ob UFOs tatsächlich existieren und ob Arnold die Wahrheit sagte, ist seit Jahrzehnten der Gegenstand endloser Spekulationen. Was dann ein paar Wochen darauf passierte, bestätigte in den Augen vieler Menschen nur, dass Außerirdische unseren Planeten tatsächlich besuchen und dass die amerikanische Regierung versucht, es zu verheimlichen.

Area 51 ist nach wie vor Sperrgebiet. Verschwörungstheoretiker werden deshalb nicht müde, darauf hinzuweisen, dass die Regierung dort etwas zu verbergen hat.

Außeridische Bruchlandung?

Anfang Juli 1947 befand sich der Ranchbesitzer William „Mack" Brazel auf einem Ausritt in der Nähe von Corona, New Mexico, als er einen Haufen eigenartiger Trümmer bemerkte. Er informierte Sheriff Wilcox aus Chaves County, der die Information im Glauben, dass es sich um ein militärisches Experiment handele, an die Militärbasis in Roswell weitergab. Major Jesse Marcel, der zuständige Nachrichtenoffizier der Basis, wurde beauftragt, sich die Trümmer anzusehen. In der Zwischenzeit veröffentlichte eine lokale Zeitung bereits die Geschichte. Sie berichtete, dass eine „Fliegende Untertasse" auf der Ranch gelandet und sichergestellt worden sei. Die Angelegenheit wurde daraufhin den jeweiligen Forschungsabteilungen der Army und der Air Force übertragen. Von dort aus gab man eine Erklärung ab, dass die Trümmer nicht etwa von einer Fliegenden Untertasse, sondern nur von einem Wetterballon stammten, der mit einem Radarzusatz aus Aluminium und Balsaholz ausgestattet war.

Bald darauf wurde auch die landesweite Presse auf diese sensationelle Geschichte aufmerksam, und viele Zeitungen überall in den Vereinigten Staaten veröffentlichten mehr oder weniger reißerische Berichte über den Vorfall. Das öffentliche Interesse war groß, und den ganzen Sommer 1947 über wurde von weiteren Sichtungen berichtet. Da die Armee aber darauf beharrte, dass das Wrack von einem Wetterballon und nicht von einem abgestürzten UFO stammte, ließ das Interesse der Medien und der Öffentlichkeit schließlich langsam wieder nach.

Die Beweise

Es sah alles danach aus, als ob der UFO-Absturz in Roswell, wie der Vorfall inoffiziell genannt wurde, für viele Jahre in der Versenkung veschwinden würde. 1978 stürzte sich der UFO-Forscher Stanton Friedman erneut darauf. Auf einer Vortragsreise erhielt er einen Anruf von Jesse Marcel, der damals für die Sache zuständig gewesen war. Marcel konnte sich an das genaue Datum des Ereignisses jedoch nicht mehr erinnern. Mit der Hilfe seines Forschungspartners William Moore begann Friedmann nachzuhaken, bis er schließlich alte Zeitungsausschnitte entdeckte. Dann begannen die beiden, Fragen zu stellen. Was für ein Wetterballon könnte so eigenartige Trümmer hinterlassen? Brazel und andere hatten ausgesagt, dass das gefundene Material extrem leicht war und nicht verbrannt oder anderweitig zerstört werden konnte. Warum hätten sie diese Details erfinden sollen? Und warum wurde die ganze Sache unter Verschluss gehalten? Es schien, als habe das Militär etwas zu verheimlichen – aber was?

Kleine grüne Männchen

Friedman und Moore interviewten die Telegrafistin Lydia Sleppy. Sie hatte 1947 bei einem Radiosender in New Mexico gearbeitet und behauptete, dass das FBI ihre Übertragung der UFO-Geschichte abgebrochen habe. Das schien mit Marcels Bericht übereinzustimmen. Denn er hatte ausgesagt, dass die Armee Informationen über die merkwürdigen Trümmer, die er mit eigenen Augen gesehen hatte, zurückgehalten habe. Außerdem sei die Geschichte über den Wetterballon lediglich eine Tarnung gewesen. Kurz darauf erschien Arthur Exon, Brigadegeneral a. D., auf der Bildfläche. Er erzählte den UFO-Forschern Kevin Randle und Donald Schmitt, dass einige sehr eigenartige Trümmerstücke 1947 zur Wright Patterson Air Force Base gebracht wurden, auf der er damals stationiert war. Sie waren sehr leicht und anscheinend unzerstörbar. Er sagte ihnen auch, dass auf der Basis Gerüchte über angeblich aus einem „Raumschiff" geborgene Leichen kursiert hätten.

Und ein weiterer Brigadegeneral a. D., Thomas Dubose, gab an, dass der Vorfall in Roswell der höchsten Geheimhaltung unterlegen habe und dass das Weiße Haus darin verwickelt sei. Er bestätigte, dass der „Wetterballon" nur eine Tarnung war. Nach und nach kamen weitere hochrangige ehemalige Offiziere mit ähnlichen Geschichten an: Sie hatten entweder selbst die Leichen der Außerirdischen, die bei dem Absturz getötet worden waren, gesehen oder zumindest von ihnen gehört.

Skeptiker verwarfen viele dieser angeblichen Beweise als reines Hörensagen. Trotzdem blieb vieles an der Wetterballon-Version der amerikanischen Regierung ausgesprochen merkwürdig. Es war daher nicht verwunderlich, dass weiterhin Fragen gestellt wurden.

Geheime Überwachung?

Mehrere Theorien wurden aufgestellt. Die erste – und in den Augen vieler Menschen überzeugendste – war, dass die Trümmer von dem streng geheimen Mogul-Projekt der Regierung stammten, das zur Überwachung sowjetischer Nuklearaktivitäten diente. Der Vorfall musste aufgrund der geheimen Natur des Projekts vertuscht werden, und deshalb erfand das Militär den Wetterballon. Das erklärte jedoch nicht, warum das gefundene Material so ungewöhnlich war, oder warum die Armee ein solches Material überhaupt verwendete. Außerdem wurde darauf hingewiesen, dass es dem Militär bisher nie etwas ausgemacht hatte, wenn jemand über die Reste von Wetterballons oder anderer militärischer Gerätschaften gestolpert war. Dieses Mal dagegen konnten sie die Trümmerstücke gar nicht schnell genug in Sicherheit bringen.

Als Nächstes kam die Idee auf, dass es sich vielleicht um einen Atomunfall gehandelt haben könnte, der vertuscht werden sollte, aber auch diese Theorie ließ sich nicht wirklich belegen. Die Armee hatte damals keine einsatzbereiten Atomwaffen, und es gab in der fraglichen Zeit keine anderen nuklearen Zwischenfälle. Die Kritiker argumentierten außerdem, dass das Militär – falls es tatsächlich eine Atomwaffe in der Wüste verloren hätte – sicher nicht auf einen zufällig vorbeikommenden Rancher gewartet hätte, um zu erfahren, wo sie abgeblieben war.

Was geschah nun wirklich? Aufgrund der strengen Geheimhaltung sind viele UFO-Forscher der Ansicht, dass tatsächlich etwas Entscheidendes vorgefallen sein muss. Einige glauben, dass Außerirdische gelandet sind und dass die Regierung das vertuscht, um die Bevölkerung nicht in Panik zu versetzen. Andere behaupten, dass die Regierung nicht zugeben will, dass sie Zugriff auf außerirdische Technologie hat. Es gab sogar Spekulationen, dass es sich entweder um einen Zusammenprall von zwei Raumschiffen oder um den Absturz eines Spionageraumschiffs gehandelt hat, das uns heimlich beobachtet hatte. Diese Theorie, die in Nick Redferns Buch *Body Snatchers in the Desert* weiter ausgebaut wurde, hat bei den UFO-Enthusiasten mit der Zeit einiges an Glaubwürdigkeit gewonnen.

Scheinbar weiß bis heute niemand, was wirklich geschehen ist. Selbst die überzeugendsten Theorien sind nicht vollkommen schlüssig. Aber eines ist sicher: Ob wir nun an die Landung von Außerirdischen glauben oder nicht – an diesem Tag im Juli 1947 ist in Roswell mehr geschehen als der Absturz eines Wetterballons.

Die Rendlesham-Affäre

Am frühen Morgen des 26. Dezembers 1980 gab es im Rendlesham Forest in Suffolk (England) einen merkwürdigen Vorfall. Eine amerikanische Air-Force-Basis, die sich ganz in der Nähe des Kiefernwaldes befindet, hatte auf einmal ein unidentifiziertes Flugobjekt auf ihrem Radar. Die gesamte Basis wurde sofort in Alarmbereitschaft versetzt und ein Spähtrupp in den Wald geschickt, um die Sache zu untersuchen. Nachdem sie den Ort erreicht hatten, sahen die Männer rote und blaue Lichtstrahlen, die aus einem metallischen Fluggerät kamen, das im Wald gelandet war. Am Himmel über ihnen schwebten lautlos weitere Flugobjekte.

In Trance

Der Basiskommandant Gordon Williams berichtete, dass er auf das Fluggerät zugegangen sei und in Zeichensprache mit den Wesen darin kommuniziert hatte. Andere Zeugen wollen beobachtet haben, wie die Wesen ihr Fluggerät reparierten, das bei der Bruchlandung im Wald beschädigt worden war, und dann – eingehüllt in gleißendes Licht – mit unglaublicher Geschwindigkeit abhoben.

Die Soldaten gaben an, anschließend in einer Art Trance gewesen zu sein, wobei allgemeine Verwirrung geherrscht habe. Einwohner berichteten, dass sich ihre Nutz- und Haustiere desorientiert und panisch verhalten hätten. Einige waren sogar auf die Straße gelaufen und mit Autos zusammengestoßen. Es gab auch Berichte über flackernde blaue und rote Lichter, die noch die ganze Nacht hindurch über dem Wald gesichtet wurden. Manche behaupteten sogar, kleine Wesen mit gewölbten Köpfen im Wald gesehen zu haben.

Beweis für Außerirdische

Aufgrund des Verwirrungszustandes der Soldaten ließ sich kaum herausfinden, was wirklich passiert war. Es war jedoch unbestritten, dass sich etwas sehr Eigenartiges – etwas, das sich nicht einfach erklären lässt – in dem Waldstück ereignet hatte. Am nächsten Tag wurde der Ort sorgfältig kriminaltechnisch untersucht. Dabei förderte man höchst merkwürdige Dinge zutage.

Erstens gab es an der Stelle, an der das Flugobjekt gestanden haben soll, Markierungen, die eine hohe radioaktive Strahlung abgaben. Zweitens waren die Baumwipfel in der Gegend so beschädigt, als wäre ein Flugzeug oder ein anderes großes Objekt hindurchgefallen. Und drittes gab es noch eine Bandaufnahme des Spähtrupps, auf der seltsame Geräusche zu hören waren.

Bis heute konnten die radioaktive Strahlung und die beschädigten Baumwipfel nicht hinreichend erklärt werden. Die Echtheit der Bandaufnahme wurde jedoch öfter angezweifelt. Seit dem Vorfall halten sich hartnäckig Gerüchte, dass es auch eine Videoaufnahme geben soll. Sie wurde angeblich von einem Soldaten gemacht, der das Ganze von Anfang bis Ende beobachtet hatte. Aufgrund der hohen Brisanz dieses Filmmaterials vermutet man, dass es jedoch vom Militär beschlagnahmt und der strengsten Geheimhaltung unterworfen wurde.

Verschwörungstheorie?

Viele glauben, dass die Vertuschung des Vorfalls ein Komplott des Militärs der USA war, das einen nuklearen Zwischenfall in Rendlesham verheimlichen wollte. Um einer Panik vorzubeugen und Kritik abzuwehren, spielte das Personal der Militärbasis also die Landung von Außerirdischen vor. Eine weitere Theorie ist, dass das Ganze ein amerikanischer Angriff auf einen russischen Spionagesatelliten war, der daraufhin in dem Waldstück abstürzte.

Weitere Theorien wurden aufgestellt, z. B. dass jenes merkwürdige Fluggerät eigentlich das streng geheime Air-Force-Projekt TR-3B

Ein amerikanischer Tarnkappenbomber: Schwarz, dreieckig, extrem schnell und wendig. Könnte dieses Flugzeug die Quelle der UFO-Sichtungen sein?

(oder „Astra") war. Es heißt, dass sich in jedem Astra ein Atomreaktor befindet, der das Magnetfeld der Erde außer Kraft setzt, sodass das Fluggerät selbst äußerst leicht wird. Es kann sich dann innerhalb des von ihm erzeugten Magnetfeldes schnell und flexibel bewegen. Zusätzlich zu den Astras gab es angeblich kleinere Flugkörper mit ähnlichen Fähigkeiten, die TR-3As oder „Schwarzen Mantas". Kritiker dieser Theorie wiesen darauf hin, dass es viel zu kompliziert wäre, einen schweren Atomreaktor auf diese Weise unterzubringen. Das führte wiederum zu einer anderen Theorie, nämlich dass das US-Militär im Besitz außerirdischer Technologie sein könnte.

Weitere Sichtungen

Es gibt weitere, gut dokumentierte Sichtungen von schwarzen dreieckigen UFOs, die denjenigen von Rendlesham Forest ähneln. Die meisten der Sichtungen fanden in der Nähe der Küsten der USA und dort vor allem in der Nähe von Luftwaffenstützpunkten statt. Gemäß Zeugenaussagen waren diese UFOs sehr groß und sollen völlig lautlos geflogen sein. Entweder schwebten sie über einer Stelle oder sie flogen mit hoher Geschwindigkeit.

Eines der bedeutendsten Ereignisse geschah am 30. März 1990 in der belgischen Stadt Ans. Die Einwohner berichteten, dass ein großes schwarzes Dreieck über der Stadt schwebte. Die belgische Luftwaffe nahm sofort die Verfolgung des Flugobjekts auf, konnte aber nicht mit ihm Schritt halten. Später schrieben die Piloten in ihren Berichten, dass sie sich das Phänomen nicht erklären könnten.

Am 13. März 1997 bemerkten Einwohner von Phoenix (USA), wie schwarze, dreieckige Flugobjekte über ihrer Stadt ein „V" bildeten. Die US-Air Force behauptete später, dass es sich um Truppenübungen mit Leuchtfackeln gehandelt habe, aber diese Erklärung klang nicht sehr plausibel.

Heute ist man sich einig, dass es solche Fluggeräte tatsächlich gibt. Die belgische Luftwaffe besitzt von dem „Besuch der Außerirdischen" in Ans Beweise in Form von Radaraufzeichnungen, Fotos und Filmmaterial. Trotzdem gibt es noch viele offene Fragen: Wo kommen die Flugobjekte her? Wem gehören sie? Wie funktionieren sie, und was wollen sie? Können die schwarzen Dreiecke Beweis für eine streng geheime neue Waffentechnik des amerikanischen Militärs sein, wie einige behaupten? Sind sie vielleicht Zeichen einer geheimen Gruppierung, die so ihre Macht demonstrieren will? Oder handelt es sich letztendlich tatsächlich um Besuche von Außerirdischen auf der Erde?

Kornkreise: Außerirdische oder Spaßvögel?

Die geheimnisvollen kreisförmigen Muster in Getreidefeldern sorgten erstmals in den 1970er-Jahren für Schlagzeilen in Großbritannien. Nach diesen ersten Sichtungen begannen die Menschen auf der ganzen Welt, von eigenartigen und manchmal wunderschönen Mustern auch in Reisfeldern, Kiefernwäldern und sogar auf schneebedeckten Bergen zu berichten. Die Kritiker verwarfen die Muster sofort als Fälschung, und tatsächlich gaben einige Personen im Zuge der polizeilichen Ermittlungen zu, dass sie die Kreise nur aus Spaß angelegt hatten.

Bei näherem Hinsehen wurde jedoch schnell klar, dass sich dieses Phänomen nicht so einfach erklären ließ, denn viele Aspekte der Geschichten waren höchst seltsam. So war es z. B. typisch, dass die Muster ganz plötzlich auftauchten und überaus komplex, aber gleichzeitg auch sehr genau waren – so als hätte man mit einem Kompass gearbeitet. Sogar die Struktur der Pflanzen, aus denen die Kreise gebildet worden waren, hatte sich verändert. Führende Wissenschaftler begannen, die Kornkreise zu untersuchen, und sie entwickelten mehrere Theorien für die Ursache des Phänomens. Es wäre beispielsweise im Bereich des Möglichen, dass Magnetfelder und bestimmte geologische Formationen dazu führen, dass sich die Pflanzen auf einmal flach hinlegen und auch ihren Aufbau verändern.

Tatsächlich weiß bis heute aber niemand genau, wie es zu den Kornkreisen kommt. Die beliebte These, dass sie Beweise für die Existenz von Außerirdischen – vielleicht sogar Botschaften an die Menschheit – sind, hält sich deshalb weiterhin hartnäckig.

Die ersten Kreise

Schon in uralten Geschichten und Legenden aus Großbritannien und Nordeuropa gibt es Hinweise auf Kreise im Gras oder in Getreidefeldern. Damals glaubte man, dass Elfen und Feen sie angelegt hätten und dass es Unglück bringe, sie zu betreten. Auf einem Holzschnitt aus dem 16. Jahrhundert sieht man etwa, wie eine monströse Kreatur einen Kreis in ein Feld macht. Es gibt jedoch verschiedene Interpretationen dieses Bildes, und es ist gut möglich, dass diese Szene lediglich der Fantasie des Künstlers entsprungen ist. Den ersten wissenschaftlichen Beweis erhielt man im 20. Jahrhundert, als bei Luftaufnahmen Muster entdeckt wurden, die damals auf Veränderungen im Boden zurückgeführt wurden. Viele der „Fundorte" wurden untersucht. Es wurden einige archäologische Entdeckungen gemacht, aber den Kornkreisen selbst widmete man zunächst nur wenig Aufmerksamkeit.

Fliegende Untertassen

Im Jahr 1972 berichteten Arthur Shuttlewood und Bryce Bond, wie in einer mondbeschienenen Nacht in Star Hill (nahe Warminster/England) plötzlich ein Kornkreis vor ihnen auftauchte. Die beiden Männer hatten nach UFOs Ausschau halten wollen, die in dieser Gegend oft gesichtet wurden. Stattdessen erschien vor ihren Augen auf einmal ein Abdruck in der Vegetation, der sich wie ein Fächer öffnete.

Nach diesem Bericht tauchten auf der ganzen Welt ähnliche Geschichten auf. Neben Kornkreisen will man auch Lichtstrahlen und Fluggeräte gesehen sowie eine hohes, pfeifendes Geräusch gehört haben. Es folgten immer mehr Sichtungen – bis heute sind es 9000. Viele weitere wurden vermutlich gar nicht erst gemeldet.

Doug und Dave

Doug und Dave waren zwei Spaßvögel, die behaupteten, dass sie die Kornkreise selbst gemacht hätten. Sie gaben an, dass sie dafür Holzplanken, Schnüre und eine Baseballmütze benutzt hätten. Bald wurden aber viel kompliziertere Muster gesichtet, und es war klar, dass diese nicht von Doug und Dave stammen konnten. Außerdem gab es jetzt auch Berichte aus der ganzen Welt, und es fiel den beiden ausgesprochen schwer zu erklären, wie sie an so vielen Orten gleichzeitig gewesen sein konnten. Am Ende mussten Doug und Dave zugeben, dass sie doch nichts mit den Kornkreisen zu tun hatten.

Echte Muster

Nachdem die Muster ausführlich wissenschaftlich untersucht worden waren, stand fest, dass sie nicht von Menschenhand geschaffen sein konnten. Als die Wissenschaftler Pflanzen aus den Kreisen unter dem Mikroskop begutachteten, entdeckten sie, dass sich deren biologische Struktur verändert hatte. Außerdem sah es so aus, als ob die Knoten

Ein Muster in einem Feld neben einem Grabhügel aus der Eisenzeit (bei Silbury Hill in Wiltshire, England). Obwohl es viele interessante Spekulationen um die geheimnisvollen Kornkreise gibt, haben wir leider nur wenige wissenschaftliche Beweise.

an den Pflanzenstängeln regelrecht „gesprengt" worden wären – als hätte man sie erhitzt. Und in vielen Fällen waren zerbrechliche Stängel zwar geknickt, aber nicht abgebrochen. Ein Mensch hätte dies mit seinen Händen nicht bewerkstelligen können.

Ein weiterer merkwürdiger Aspekt der Muster war, dass sie das Magnetfeld um sich herum zu verändern schienen. Kamerateams, die dort filmten, bemerkten plötzlich, dass ihre Ausrüstung nicht mehr richtig funktionierte. Kompasse, Handys und Batterien gaben in der Nähe der Kreise den Geist auf. Auch Piloten, die darüber hinwegflogen, berichteten von Fehlfunktionen ihrer Instrumente. Menschen, die in der Umgebung lebten, erzählten von häufigen Stromausfällen, von Autos, die liegen blieben, und von Tieren, die sich weigerten, in die Nähe der Kreise zu gehen.

Was verursacht die Kreise?

Die meisten Menschen glauben nicht daran, dass Außerirdische in ihren Fliegenden Untertassen für die Kornkreise verantwortlich sind. Man sucht deshalb nach anderen Erklärungen. Archäologen, Geologen und weitere Wissenschaftler weisen immer wieder darauf hin, dass die Kornkreise häufig über den Kraftlinien des Erdmagnetfeldes auftreten. Unsere Vorfahren errichteten an diesen Orten oftmals Monumente, beispielsweise Stonehenge in England. In jüngster Zeit herrscht die Meinung vor, dass Wirbel im Magnetfeld der Erde dafür sorgen, dass sich die Pflanzen biegen, und dass weitere Umweltfaktoren, z. B. unterirdische Wasseradern, die Knoten in den Pflanzenstängeln anschwellen lassen, als hätte man sie erhitzt.

Dies erklärt jedoch nicht alle Kornkreise auf der Welt, und ganz besonders nicht die sehr komplexen. Es gibt nach wie vor eine lebhafte Diskussion darüber, ob diese spektakulären Muster ein natürliches Phänomen sind, ob sie von Menschen geschaffen werden oder ob sie nicht doch ein Werk von Außerirdschen sind. Es ist sicher richtig, dass einige Künstler oder Naturliebhaber ihre eigenen Kornkreise schaffen, aber das erklärt bei Weitem nicht alle Kreise.

Bis es der Wissenschaft gelingt, eine völlig plausible Erklärung zu finden, werden die überzeugten Anhänger auch weiterhin glauben, dass die Kornkreise das Ergebnis übernatürlicher Kräfte sind – nicht etwa geschaffen von „kleinen grünen Männchen", sondern von einer anderen Lebensform, die wir noch nicht kennen.

„Men in Black"

Wer sind diese geheimnisvollen „Männer in Schwarz"? Glaubt man
dem erfolgreichen Kinofilm, tauchen diese Agenten immer dann auf,
wenn ein UFO gesichtet wird oder etwas ähnlich Unerklärliches passiert. Ihre Aufgabe scheint zu sein, Augenzeugen so zu beeinflussen,
dass diese später jegliches Wissen über den Vorfall abstreiten. Natürlich liegt dieser Behauptung eine Verschwörungstheorie zugrunde:
Die Außerirdischen bedrohen die Erde und wollen verhindern, dass
die Öffentlichkeit davon erfährt. Eine weitere Theorie besagt, dass die
„Men in Black" Agenten der Regierung seien, die das Gleiche verheimlichen will.

Angeblich tragen diese Agenten oder „MIBs" schwarze Anzüge
und verhalten sich allgemein äußerst seltsam. Sie bedrohen Zeugen
und beschlagnahmen Fotos sowie alle sonstigen Beweise. In einigen
Fällen wurde berichtet, dass ihre schwarzen Anzüge aus einem selt-
samen, glänzenden Stoff bestanden, den die Zeugen noch nie zuvor
gesehen hatten. Ihr Verhalten wird als „mechanisch" beschrieben, mit
monotonen Stimmen und roboterhaften Bewegungen. Einige Zeugen
sagten sogar aus, dass ihre Gesichter nicht menschlich aussahen, sondern dass sie sehr merkwürdige, schräg stehende Augen und extrem

hohe Wangenknochen aufweisen. Sie sollen meist zu dritt unterwegs sein, gelegentlich aber auch allein reisen.

MIBs, so heißt es, fahren immer neue Lincolns oder Cadillacs. Das Wageninnere wird durch ein seltsames grünes oder violettes Licht beleuchtet. Die Nummernschilder der Wagen sind gefälscht, und einige haben eigenartige Symbole auf den Türen. Hin und wieder fliegen die Men in Black auch in schwarzen Hubschraubern ein, verfolgen die Augenzeugen von UFO-Sichtungen und zwingen sie zur Herausgabe jeglicher Beweise.

Erste Sichtungen

Es gab schon immer Berichte über Abgesandte Gottes oder des Teufels, die sich tarnen, um auf der Erde das Werk ihres Herrn auszuführen. Von Dämonen hieß es früher, dass sie meist Schwarz trügen, nach der neuesten Mode gekleidet seien und in schwarzen Kutschen führen – ganz ähnlich wie die Men in Black in den modernen Legenden. In einer norwegischen Geschichte aus dem 18. Jahrhundert wird von einem jungen Mädchen erzählt, das mit seiner Großmutter zum Teufel reist (der sich als ihr Großvater herausstellt). Auf dem Weg dorthin treffen sie drei Männer in Schwarz. In einer anderen Geschichte aus dem frühen 20. Jahrhundert wird von geheimnisvollen Lichtern am Himmel und nächtlichen Treffen mit gruseligen Gestalten, unter denen sich auch ganz schwarz gekleidete Männer befanden, berichtet.

Ufologen spekulieren, dass mythische Figuren der Vergangenheit, wie die „schwarzen Männer" der Indianer oder die „bösen" Handelsreisenden aus dem 19. Jahrhundert, in Wirklichkeit bereits „Men in Black" waren, die zur Erde geschickt worden waren, um die Menschen ruhig zu stellen, die außerirdische Ereignisse beobachtet hatten.

Die erste Sichtung in der jüngeren Geschichte fand 1947 statt. Der Seemann Harold Dahl berichtete damals, er habe sechs fliegende Objekte über Maury Island, bei Tacoma (Washington), gesehen. Dahl, der zusammen mit seinem Sohn und seinem Hund dort war, machte ein paar Fotos. Angeblich wurde sein Hund getötet, als heiße Funken aus den UFOs schossen und sein Boot trafen. Am nächsten Tag besuchte Dahl ein fremder Mann und ging mit ihm frühstücken. Der Mann, der groß war und einen schwarzen Anzug trug, fragte ihn über das Ereignis aus. Dann warnte er ihn eindringlich, niemandem davon zu erzählen, wenn er seine Familie nicht in Gefahr bringen wolle. Dahl behauptete später, die UFO-Sichtung sei ein Scherz gewesen. Damit stiftete er viel Verwirrung. Man begann nicht zuletzt deshalb, am Wahrheitsgehalt seiner Geschichte zu zweifeln.

Albert K. Bender

Einer der Ersten, die auf diese Geschichte aufmerksam wurde, war Albert K. Bender, der Direktor des International Flying Saucer Bureau und Herausgeber der UFO-Zeitschrift *The Space Review*. In einem Artikel von 1953 behauptete Bender, dass er Informationen über Fliegende Untertassen habe, sie aber nicht drucken könne. Er behauptete, dass alle, die ähnliche Informationen hätten, in Gefahr seien. *The Space Review* wurde kurz darauf eingestellt. Später erklärte Bender, was passiert war. Er sagte, dass er Besuch von drei Männern in dunklen Anzügen gehabt habe, die ihm Geheimnisse über UFOs anvertraut und ihn dann so eingeschüchtert hätten, dass er die Informationen lieber geheim hielt.

Nachdem Benders Geschichte veröffentlicht worden war, entbrannte eine Diskussion darüber, ob sich UFO-Enthusiasten die „Men in

Black" nur ausgedacht hatten, um zu vertuschen, dass sie für ihre Geschichten kaum Beweise hatten. Skeptiker wiesen darauf hin, dass geheimnisvolle Agenten doch eine wunderbare Ausrede wären, um zu rechtfertigen, dass man leider keine Beweise veröffentlichen kann. Ufologen wie Gray Barker behaupteten dagegen, dass die „schwarzen Männer" die Wahrheit über die Außerirdischen um jeden Preis unter Verschluss halten wollten.

Die Rückkehr der Men in Black

1976 wurde von einem weiteren Besuch eines „Man in Black" berichtet, und zwar von Dr. Herbert Hopkins aus Maine, der Informationen über eine UFO-Sichtung in der Gegend erhalten hatte. Nach Hopkins' Aussage trug der Mann einen eleganten schwarzen Anzug, sah aber sehr merkwürdig aus. Er war sehr blass und hatte grellroten Lippenstift aufgelegt. Der Mann bedrohte Hopkins mit einer langsamen, monotonen Stimme und warnte ihn, nichts über die UFO-Sichtung zu erzählen. Dann ging er davon und ließ Hopkins in einem trance-artigen Zustand zurück.

Vier Jahre später gab es einen erneuten Besuch, dieses Mal bei Peter Rojcewicz, einem Volkskundler, der damals gerade in der Bücherei der Pennsylvania University war. Ein großer Mann mit dunklem Gesicht, der einen schwarzen Anzug trug, trat hinter ihn und fragte ihn über seine Studien aus. Rojcewicz erzählte ihm, dass er UFO-Sichtungen erforschte, woraufhin der Mann sehr wütend wurde, sich aber schnell wieder beruhigte. Nachdem er gegangen war, geriet Rojcewicz in Panik und suchte Hilfe, aber es schien niemand da zu sein. Später wurde ihm klar, dass die Bibliothek voller Menschen gewesen war, die er jedoch nicht sehen konnte.

Wer sind die MIBs?

Einige Quellen aus dem Umfeld der US-Regierung geben Hinweise darauf, dass Zeugen von UFO-Sichtungen hinterher wirklich bedrängt wurden. Man geht davon aus, dass sich normale Bürger gelegentlich als Regierungsagenten ausgaben und Zeugen bedrohten. In einem dieser Fälle machte Rex Heflin aus Santa Ana (Kalifornien) 1965 Fotos eines UFOs, die auch veröffentlicht wurden. Später erzählte er von dem Besuch zweier Männer, die sich als Repräsentanten des North American Aerospace Defense Command ausgaben. Sie verlangten die Negative der Fotos, nahmen sie mit und gaben sie niemals zurück.

Obwohl dieser Fall gut dokumentiert wurde, gibt es in Heflins Bericht viele Ungereimtheiten. Bis heute haben wir kaum konkrete Hinweise auf die tatsächliche Existenz der „Men in Black". Ein weiteres Problem ist, dass viele, die angeblich von diesen Männern besucht wurden, angaben, sich während und nach dem Besuch in einem tranceartigen Zustand befunden zu haben. Das führte zu der Annahme, dass diese Zeugen eher unter psychischen Problemen gelitten hatten, anstatt von den geheimnisvollen Männern besucht worden zu sein – und dass das Ganze lediglich ein Produkt ihrer blühenden Fantasie war.

Dann gibt es noch die These, die „Men in Black" seien Beamte der Regierung, die sich eigenartig anziehen und verhalten, um die Geschichten der UFO-Zeugen zu diskreditieren. Andere halten die MIBs für eine Kreuzung aus Menschen und Außerirdischen, die sämtliche Spuren außerirdischer Aktivitäten tilgen sollen. Aber was auch immer stimmt – es scheint, als habe es die „Men in Black" schon immer gegeben und als würden sie uns auch in Zukunft besuchen.

Die Mondlandungen

Es ist eines der prägendsten Ereignisse des 20. Jahrhunderts: Der Astronaut Neil Armstrong steigt aus der Apollo 11 und spricht die unvergesslichen Worte: „Dies ist ein kleiner Schritt für einen Menschen, aber ein großer Schritt für die Menschheit" – als würden sie aus einem Drehbuch stammen. Was, wenn es tatsächlich ein Drehbuch war? Was, wenn die Mondlandungen niemals stattgefunden hätten, sondern in einem Filmstudio gedreht worden wären?

Eine wachsende Zahl von Amerikanern glaubt genau das. Es ist eine scheinbar weit hergeholte Verschwörungstheorie, die bei der ersten Erwähnung in den 1970er-Jahren noch verlacht wurde, seitdem aber an Glaubhaftigkeit gewonnen hat. Seit dem Watergate-Skandal waren die Amerikaner kritischer, wenn es um ihre Regierung ging. Als dann 1978 in dem Kinofilm *Unternehmen Capricorn* der Versuch, eine Landung auf dem Mars zu fälschen, gezeigt wurde, glaubten viele, dass der Film auf Insiderwissen basierte. Seitdem zeigen Umfragen immer wieder, dass Millionen Amerikaner ernsthaft an der Echtheit der Mondlandungen zweifeln. Diese Zweifel wurden durch einen Dokumentarfilm des Senders Fox aus dem Jahr 2002, in dem die Verschwörungstheoretiker zu Wort kamen, noch bestärkt.

Sind die Mondlandungen gefälscht?

Was aber finden die Anhänger einer Verschwörung an den Mondlandungen, die von Millionen als eine der größten Errungenschaften der Menschheit angesehen werden, nun so verdächtig? Welche Angriffspunkte haben sie?

Die am häufigsten gestellten Fragen beziehen sich auf die Fotos der Landungen: Warum scheint die amerikanische Flagge im Wind zu wehen – wenn es auf dem Mond doch gar keinen Wind gibt? Und warum sind am Himmel keine Sterne zu sehen? Warum haben Fotos, die angeblich Kilometer voneinander entfernt aufgenommen wurden, den gleichen Hintergrund?

Welche Erklärungen hat die NASA für diese Anomalien? Ziemlich gute: Die Flagge scheint sich nur zu bewegen, weil sie gerade aufgehängt wurde und weil die Fahnenstange in den Boden gedreht wird. Es sind keine Sterne zu sehen, weil die Kameras auf kurze Verschlusszeiten eingestellt waren, um eine Überbelichtung des Films zu vermeiden; das schwache Licht der Sterne konnte daher nicht aufgenommen werden. Den gleichen Effekt kann man übrigens auch auf der Erde beobachten: Wenn man mit einer Kamera, die für Aufnahmen im hellen Sonnenschein eingestellt ist, Fotos vom Nachthimmel macht, sind darauf keine Sterne zu sehen. Auch die Behauptung, dass der Hintergrund gleich sei, ist nicht haltbar. Wenn man genau hinsieht, kann man merkliche Veränderungen in der Position der Berge erkennen.

Auf der Erde ist es nicht anders: Wenn man mit einer Bergkette im Hintergrund fotografiert, dann wird diese auf Fotos, die Hunderte Meter vom ersten Standort entfernt aufgenommen wurden, immer noch am ungefähr gleichen Ort erscheinen.

Wo sind die Landekrater?

Die Fotos sind jedoch nur ein Teil des Problems. Einige andere Fragen sind eher technischer Natur: Warum gibt es keine Landekrater? Warum konnte man bei den Startraketen keine Flamme sehen? Wie haben das Raumschiff und die Besatzung die Strahlung im Van-Allen-Gürtel überlebt? Auch dafür gibt es natürlich offizielle wissenschaftliche Antworten. Es gab keine Krater, weil die jeweiligen Landemodule abgebremst wurden, damit sie nicht auf die Mondoberfläche stürzen. Außerdem wurde das Aufsetzen durch die viel geringere Schwerkraft auf dem Mond abgeschwächt. Flammen konnte man nicht sehen, weil es keine gab. Die Landefähren wurden mit Hydrazin und Distickstofftetroxid angetrieben, Treibstoffen, die sich durch bloßen Kontakt entzünden. Die Abgase sind nahezu unsichtbar. Was den Van-Allen-Gürtel betrifft, war man darauf gut vorbereitet. Die Flugbahn der Raumschiffe durch den Gürtel war so ausgewählt worden, dass man ihn in nur 30 Minuten durchqueren und die Strahlenbelastung dadurch minimieren konnte. Die metallische Hülle der Raumkapsel schützte dabei die Astronauten. Die Dosis, die sie letzendlich abbekamen, war nicht größer als beim Lungenröntgen.

Mondgestein

Der letzte und komplizierteste Teil der Verschwörungstheorien dreht sich um das Mondgestein, das die Apollo-Missionen mitbrachten. Es wird normalerweise als endgültiger Beweis betrachtet, dass die Landungen tatsächlich stattgefunden haben. Wie sonst hätten die Steine, die völlig anders sind als alles, was wir auf der Erde kennen, in den Besitz der NASA gelangen können? Die Verschwörungs-

Einer der Apollo-11-Astronauten wird während seines Spaziergangs auf dem Mond fotografiert.

enthusiasten verweisen auf Wernher von Brauns Antarktisexpediti-
on, die zwei Jahre vor den Apollo-Missionen stattgefunden hatte. Der
Theorie zufolge wurde auf dieser Expedition Meteoritengestein vom
Mond, das auf die Erde gefallen war, gesammelt. Später gab man es
dann als Mondgestein aus. Von Braun war anfällig für Druck von
oben. Er hätte bei einem solchen Komplott mitgespielt, um sich vor
Anschuldigungen bezüglich seiner nationalsozialistischen Vergangenheit zu schützen.

Es ist eine interessante Theorie, und der wissenschaftliche Hintergrund ist durchaus gegeben. Es gibt in der Antarktis nämlich tatsächlich Meteoritengestein vom Mond. Allerdings fand man den ersten
Mondmeteoriten, der als solcher identifiziert wurde, erst 1981 – also
über ein Jahrzehnt nach den Mondlandungen. Und er konnte nur
aufgrund seiner Ähnlichkeit mit den Proben der Apollo-Mission
überhaupt eindeutig bestimmt werden. Die Apollo-Proben stimmen
wiederum mit dem sowjetischen Mondgestein, das von unbemannten
Sonden gewonnen worden war, genau überein. Insgesamt wurden bis
heute nur ungefähr 2,5 Kilogramm Meteoritengestein vom Mond eindeutig identifiziert. Das ist weniger als 1 Prozent der 381 Kilogramm,
die mit den Apollo-Missionen zurückgebracht wurden. Zudem ergaben wissenschaftliche Analysen des Mondgesteins, die von Wissenschaftlern auf der ganzen Welt durchgeführt wurden, dass dieses Gestein noch nie zuvor auf der Erde gewesen sein konnte.

Für jeden Punkt der Verschwörungsthese scheint es also eine gute
wissenschaftliche Erklärung zu geben. Es ist daher nicht sehr wahrscheinlich, dass die Mondlandungen gefälscht wurden. Wenn man
zusätzlich noch den Aufwand betrachtet, den so ein Unternehmen
mit sich gebracht hätte, wäre es ohnehin einfacher gewesen, tatsächlich auf den Mond zu fliegen.

Gibt es Leben auf dem Mars?

Seit vielen Jahren spekulieren Wissenschaftler darüber, ob es Leben auf dem Mars gibt. In vielen Dingen ist der Planet unserer Erde recht ähnlich: Er hat einen ähnlichen Tag-und-Nacht-Zyklus sowie Jahreszeiten (obwohl sie anders als unsere sind, da das Marsjahr insgesamt länger ist). Wir sammeln bereits seit dem 17. Jahrhundert Informationen über den Mars, und auch wenn viele davon widersprüchlich sind, glauben heute doch viele Menschen, dass es auf dem Planeten einfache Lebensformen gibt oder zumindest einmal gegeben hat.

Eine der größten Kontroversen dreht sich um die Frage, ob der Mars überhaupt die Voraussetzungen für die Erhaltung von Leben hat. Die wichtigste Voraussetzung ist Wasser. Im Jahr 2005 funkte die europäische Raumsonde Mars Express hochauflösende Fotos eines gefrorenen Sees in einem Krater in der Vastitas Borealis, einer großen Ebene im Norden des Planeten, zur Erde. Die Raumfahrtagentur entdeckte auch ein unterirdisches, gefrorenes Meer sowie Eis an den Polkappen. Diese Funde ließen die Spekulationen um Leben auf dem Mars wieder aufleben.

Eine vergangene Zivilisation?

Im späten 18. Jahrhundert bewies der Wissenschaftler William Herschel erstmals, dass die Mars-Polkappen gemäß den Jahreszeiten ab- und zunehmen. Ein Jahrhundert später hatte man viele weitere Merkmale des Planeten entdeckt und seine Ähnlichkeit zur Erde enthüllt. Der Mars schien Meere und Landmassen zu haben, und er kreiste auf einer ähnlichen Bahn um die Sonne wie die Erde. Dann wurde die sensationelle Meldung veröffentlicht, man habe mit einem Teleskop Kanäle auf der Oberfläche gesichtet. Diese Meldung stellte sich später als falsch heraus, aber die Vorstellung von Leben auf dem Mars blieb faszinierend.

Im 19. Jahrhundert machten der führende britische Wissenschaftler William Whewell und der amerikanische Astronom Percival Lowell diese Idee weiter bekannt. Ihre Behauptungen inspirierten auch H. G. Wells zu seinem Science-Fiction-Klassiker *Krieg der Welten* (1897). In seinem Roman erzählt er von Außerirdischen, die ihrer untergehenden Zivilisation entfliehen und versuchen, die Erde zu erobern. Der Roman war ein perfekter Ausdruck unserer Überzeugung und unserer Ängste bezüglich des Lebens auf dem Mars.

Tatsache oder Fantasie?

In den folgenden Jahrhunderten ging die Spekulation über eine außerirdische Zivilisation auf dem Mars weiter, aber es schien, als werde die Wissenschaft den „Gläubigen" das Gegenteil beweisen. In den 1960er- und 1970er-Jahren schickte man Raumsonden wie Mariner 4 und Viking zum Mars, um Tests durchzuführen. Die Ergebnisse waren nicht ermutigend. Der Mars war ein trockener, staubiger Planet

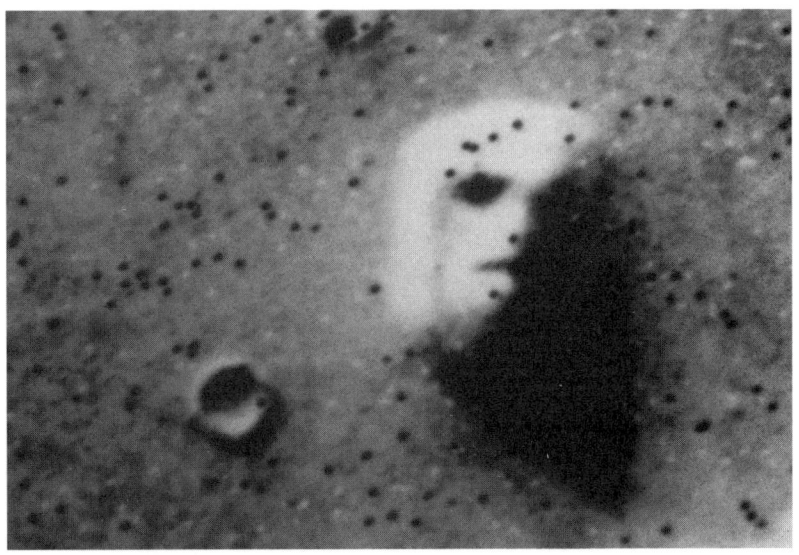

Das Gesicht auf dem Mars: Ist es wirklich der Kopf einer gewaltigen umgestürzten Statue, wie manche (vor allem Richard Hoagland) behaupten?

mit hoher UV-Strahlung – von Flüssen oder Seen gab es keine Spur. Es war schwer vorstellbar, dass eine Lebensform in diesem Klima überleben konnte. Natürlich gab es einige abweichende Meinungen, z. B. von Dr. Gilbert Levin, der selbst einen der Tests entwickelt hatte, aber die meisten seriösen Wissenschaftler gaben die Suche nach Leben auf dem Mars schließlich auf und überließen die Spekulationen fortan lieber den Science-Fiction-Fans.

1996 kam dann die Meldung, dass man einen Meteoriten vom Mars gefunden hatte. Nach dem Aufprall eines Asteroiden war der Meteorit vom Mars „abgefallen". Er war mehrere Millionen Jahre lang durchs All geflogen, hatte vor etwa 13 000 Jahren, die Erdatmosphäre überwunden und war in der Antarktis abgestürzt – wo ihn 1984 ein NASA-Team fand. Der Steinklumpen (auch ALH84001 genannt) wurde von Wissenschaftlern der NASA und der Stanford University mikroskopisch untersucht. Man glaubte, darin Spuren von versteinerten Mikroben entdeckt zu haben.

Auf einer Pressekonferenz am 7. August 1996 wurden Bilder des Meteoriten gezeigt. Im Gestein waren längliche, wurmartige Strukturen zu sehen, die man für winzige Bakterien hielt. Es war eine unglaubliche Entdeckung, und sofort flammte das Interesse am Leben auf dem Mars wieder auf. Einige Wissenschaftler waren der Ansicht, dass der Stein auf seiner langen Reise durch das All chemische Veränderungen durchgemacht habe, was die merkwürdigen Strukturen erkläre. Für andere war dieser Meteorit jedoch der endgültige Beweis, dass es tatsächlich primitive Lebensformen auf dem Planeten gab – oder zumindest einst gegeben hatte.

Der Ursprung des Lebens

Im neuen Jahrtausend machte die NASA weitere Entdeckungen. Man fand Beweise für unterirdische Seen, und die Wissenschaftler glauben heute, dass der Mars einst ein Planet voller Wasser war, in dem Leben entstanden sein könnte. In der Marsatmosphäre fand man Methan – eine Entdeckung, die ebenfalls auf Leben hinweist, nämlich auf Organismen, die Kohlendioxid und Wasserstoff in Methan umwandeln können. Nach einer Umfrage, die vor Kurzem bei einer Konferenz der Europäischen Raumfahrtagentur durchgeführt wurde, glauben 75 Prozent der Wissenschaftler, dass es einst Leben auf dem Mars gegeben hat. Die anderen 25 Prozent glauben, dass es noch immer existiert.

Die vielleicht spannendste aller Fragen ist: Wie hat das Leben überhaupt begonnen, nicht nur auf dem Mars, sondern auch auf der Erde?

Heute glauben viele Wissenschaftler, dass der Ursprung des Lebens kein großes Geheimnis ist. Es braucht dazu weder die Hand Gottes noch einen Zufall, sondern lediglich die richtigen Umweltbedingungen wie Wasser und bestimmte Gase in der Atmosphäre. Wenn diese Voraussetzungen erfüllt sind, entsteht Leben früher oder später von ganz allein.

Die logische Schlussfolgerung daraus ist, dass es auf jedem Planeten mit den richtigen Bedingungen primitives Leben geben könnte. Man vermutet heute beispielsweise, dass es auch auf den Jupitermonden Callisto und Europa Wasser gibt. Auch wenn eine außerirdische Zivilisation auf dem Mars sehr unwahrscheinlich ist, wurde doch die Möglichkeit aufgezeigt, dass es in unserem riesigen Universum von Lebensformen, die wir noch nicht getroffen haben, geradezu wimmeln könnte.

Die hohle Erde

Schon immer gab es Theorien darüber, ob es Leben unter der Erdoberfläche gibt. Im antiken Griechenland stellte man sich eine Unterwelt (den Hades) vor, die von den Toten bevölkert war, während
es in der christlichen Mythologie ein schrecklicher Ort ist, an dem
die Verdammten endlose Folter erdulden müssen. Wir kennen ihn als
„Hölle". Bei fast allen Religionen findet man unterschiedliche Versionen dieser Überzeugung. In neueren Zeiten nahmen sich jedoch
auch einige große Denker und Schriftsteller der Idee an. Sie beschrei-
ben eine hohle Erde, die oft von einer Art prähistorischer Menschen
bewohnt wird und die man durch ein Netzwerk aus unterirdischen
Tunneln erreichen kann. Heute glauben nur noch wenige, dass die
Erde tatsächlich hohl ist oder dass menschliche Wesen in ihrem Zen-
trum leben, aber die Vorstellung einer unterirdischen Welt fasziniert
noch immer. Neueste wissenschaftliche Erkenntnisse haben nun gezeigt, dass diese Vorstellung nicht nur Stoff für einen Science-Fiction-
Roman ist.

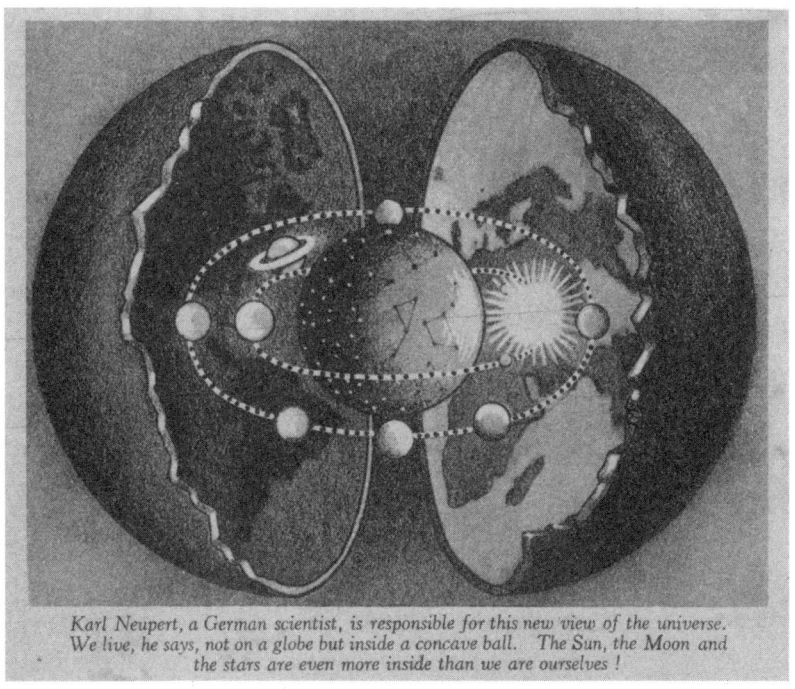

Karl Neupert, a German scientist, is responsible for this new view of the universe. We live, he says, not on a globe but inside a concave ball. The Sun, the Moon and the stars are even more inside than we are ourselves!

Unsere hohle Erde: Dieses Bild zeigt, dass wir eigentlich im *Inneren* unserer Erde leben und dass wir nach innen auf die Sonne und die anderen Planeten schauen.

Halleys innere Sphären

1692 stellte der renommierte englische Astronom Edmund Halley die Theorie auf, dass die Erde hohl sei. Da er die Bahn des nach ihm benannten Halleyschen Kometen berechnet hatte, nahm man seine Meinung durchaus ernst – er war schließlich einer der führenden Wissenschaftler. Seiner Ansicht nach wies das Magnetfeld der Erde manchmal unerklärliche Schwankungen auf, weil es von anderen Magnetfeldern umgeben war, die zu entgegengesetzten Gravitationskräften führten. Halley entwickelte ein neues Modell der Erde, bei dem es vier innere Sphären gab, die ineinander lagen. Jede dieser Sphären wurde von leuchtendem Gas erhellt. Die Aurora borealis (Nordlicht) sei ein Beweis für dieses Gas, denn es entweiche an den Polen, wo die Erdkruste dünn geworden ist, aus der Erde. Halley glaubte auch, die Sphären könnten durchaus bewohnt sein, ohne dass er jedoch angab, was für eine Lebensform er sich vorstellte.

Als Nächstes kam der Schweizer Mathematiker Leonhard Euler. Er schlug vor, dass es im Erdinneren nur eine Sphäre gibt, und zwar genau im Erdkern. Diese, so glaubte er, werde von einer inneren Sonne erleuchtet, die einer fortschrittlichen Zivilisation das Leben ermöglichte. Heute gibt es Streit darüber, ob Euler das wirklich ernst meinte oder ob er die These nur als „gedankliches Experiment" aufstellte. In jedem Fall inspirierte seine Idee andere Denker. Einer von ihnen war ein weiterer Mathematiker, der Schotte Sir John Leslie. Er behauptete, dass es im Erdinneren sogar zwei Sonnen gebe, Proserpine und Pluto, die das unterirdische Gebiet erleuchteten.

Expedition der USA

Im 19. Jahrhundert war die Vorstellung von der hohlen Erde besonders bei Möchtegern-Forschern beliebt. Viele schlugen vor, Expeditionen zu unternehmen, um diese verlorene Welt zu finden. 1818 begann der Geschäftsmann John Cleves Symmes, Geld zur Unterstützung einer Expedition zum „Loch" am Nordpol, durch das man angeblich in die inneren Sphären vordringen könne, zu sammeln. Er starb, bevor die Expedition zustande kam.

1838 machte sich der Journalist Jeremiah Reynolds für eine Expedition der US-Regierung stark, die sich tatsächlich noch im gleichen

Jahr auf den Weg machte. Die Wilkes-Expedition fand zwar kein Loch, aber im Lauf der Jahre trug sie viele nützliche Informationen über den damals noch recht unerforschten Kontinent zusammen, der als Antarktis bekannt wurde.

Der nächste Verfechter der sogenannten Hohlwelttheorie war William Reed, dessen Buch *Phantom of the Poles* (Phantom der Pole) 1906 erschien. Sieben Jahre später schrieb Marshall Gardner *A Journey to the Earth's Interior* (Eine Reise in das Innere der Erde). Außerdem entwarf er ein funktionstüchtiges Modell des Erdkerns, wie er ihn sich vorstellte. Als man in Sibirien die gefrorenen Überreste eines Exemplares einer ausgestorbenen Wollmammut-Art fand, war Gardner der Ansicht, es müsse wohl durch ein Loch am Pol aus der inneren Zone entkommen sein. Seiner Meinung nach liefen in der unterirdischen Welt noch alle erdenklichen ausgestorbenen Tierarten herum, und das Mammut war ein geradezu perfekter Beweis dafür.

Seit damals griffen Generationen von Schriftstellern die Theorie vom Leben in der hohlen Erde immer wieder auf – angefangen bei prähistorischen Tieren bis zu fortschrittlichen menschlichen Wesen. Es wird auch immer wieder gern behauptet, es existierten Eingänge zu dieser geheimnisvollen Welt, z. B. in der Antarktis, in Tibet, Peru und auch in den USA. Einige glauben sogar, dass UFOs und andere unerklärliche Phänomene ihren Ursprung in dieser Unterwelt haben.

Die Koreshaner

Einer der berüchtigsten Hohlwelttheoretiker war Cyrus Read Teed, der behauptete, dass die ganze Erde innen vollkommen hohl sei und von einer großartigen menschlichen Zivilisation bevölkert werde. Er gründete eine Sekte in Florida, nannte sich nunmehr Koresh und erklärte sich selbst noch zum Messias, bevor er 1908 verstarb. So verrückt sich seine Ideen für uns auch anhören mögen, es gibt einige Anwendungen der Physik und Mathematik, die sie unterstützen könnten. Nach seinem Tod untersuchten mehrere Wissenschaftler seine Ideen weiter.

Bis ins 20. Jahrhundert hinein hielt sich die Vorstellung von einer Hochkultur unterhalb der Erdkruste. Es ist nicht weiter erstaunlich, dass sich die Idee einer solchen überlegenen Rasse besonders bei den Anhängern des Nationalsozialismus der größten Beliebtheit erfreute. Es gab sogar die Theorie, Adolf Hitler sei die Flucht aus dem Führerbunker gelungen, er habe sich diesen „Herrenmenschen" angeschlossen und noch viele Jahre bei ihnen gelebt.

Zum Mittelpunkt der Erde?

Ironischerweise stammt eine der plausibelsten Versionen der Hohlwelttheorie nicht von einem Wissenschaftler, sondern von einem Abenteuerschriftsteller: Jules Verne. In seinem weltberühmten Buch *Reise zum Mittelpunkt der Erde*, das 1864 veröffentlicht wurde, beschreibt er ein großes Netzwerk aus Tunneln, die von der Erdoberfläche aus zu unterirdischen Höhlen führen. Dort leben prähistorische Wesen in einem unterirdischen Meer. Viele Jahre lang hielten die Wissenschaftler solch eine Idee für völlig unsinnig: Nichts und niemand könne so tief unterhalb der Erdoberfläche überleben.

Neuere Studien ergaben jedoch, dass es tatsächlich Wege tief ins Erdinnere hinein gibt und dass dort weitaus mehr Lebensformen existieren, als man vorher für möglich gehalten hätte. So wurden z. B. steinfressende Bakterien und verschiedene Insektenarten wie Tausendfüßer und Skorpione mehr als 1,6 Kilometer unterhalb der

Erdoberfläche gefunden. Bisher hat man aber noch keine prähistorischen Tiere gesichtet, und es gibt definitiv keine Anzeichen einer Hochkultur oder einer überlegenen Menschenrasse.

Trotzdem: Die Wissenschaft schreitet immer weiter voran, und wer weiß schon, was uns erwartet, wenn wir noch tiefer ins Innere unseres Planeten vordringen?

Kapitel 4

Politische Vertuschungen

Die Glaubhaftesten aller Verschwörungstheorien scheinen immer diejenigen zu sein, in die Politiker verwickelt sind. Dabei spielt es keine Rolle, welche politische Richtung sie vertreten. Vielleicht zu viele vermutete Intrigen wurden im Lauf der Zeit zur Gewissheit. Dieses Kapitel beginnt sozusagen mit der Mutter aller politischen Skandale: der Watergate-Affäre.

Die Watergate-Affäre

Die Watergate-Affäre ist eine der größten wahren Verschwörungs-geschichten unserer Zeit. Was als einfacher Einbruch begann, entwickelte sich zu einem Skandal, der den Präsidenten der USA zum Rücktritt zwang. Diese Verschwörung wurde Stück für Stück aufgedeckt, bis sich alle Beteiligten, inklusive Präsident Richard Nixon, der Anklage stellen mussten. Die vielleicht wichtigste Auswirkung war aber, dass Verschwörungstheorien jetzt nicht mehr einfach als Hirngespinste abgetan werden konnten. Frühere Ereignisse, wie der Mord an Präsident John F. Kennedy, waren plötzlich verdächtiger denn je, und Verschwörungstheoretiker, die sonst oft und gern als „Verrückte" verlacht worden waren, galten auf einmal als „Experten".

Alles begann am sehr frühen Morgen des 17. Juni 1972 im Watergate-Hotel in Washington, DC. An diesem Tag bemerkte der Wachmann Frank Wills ein Stück Klebeband, das offensichtlich dazu verwendet worden war, die Tür zum Parkhaus offen zu halten. Wills entfernte es, dachte sich aber zunächst nichts dabei. Er vermutete, dass die Reinigungsmannschaft es dort vergessen hatte. Als er jedoch kurze Zeit später zurückkam und entdeckte, dass jemand in der Zwischenzeit noch mehr Klebeband an die Tür geklebt hatte, beschloss er, die Polizei zu rufen.

Die Polizei entdeckte um 2.30 Uhr fünf Männer, die sich in einem Büro versteckt hatten, das zum Hauptquartier der Demokratischen Partei gehörte. Die fünf Männer wurden verhaftet. Es handelte sich um zwei Kubaner, zwei Männer mit Verbindungen zur CIA sowie um James W. McCord jun., der als Sicherheitschef für das republikanische Komitee zur Wiederwahl des Präsidenten arbeitete. Schnell begannen die Alarmglocken zu läuten. Das war mit Sicherheit kein einfacher Einbruch!

Bald wurde deutlich, dass es auch nicht der erste Einbruch im Watergate-Hotel war. Das gleiche Team war schon einmal ins demokratische Hauptquartier eingebrochen und hatte dort Wanzen versteckt. Der Grund für seine Rückkehr war die Neujustierung einiger Wanzen, die nicht richtig funktionierten. Weitere Alarmglocken begannen zu schrillen, als man in James McCords Notizbuch eine Telefonnummer von E. Howard Hunt fand, einem ehemaligen Berater des Weißen Hauses und CIA-Mitarbeiters.

Ein drittklassiger Einbruch? Als die Nachricht über den Einbruch bekannt wurde, tauchten schnell die ersten Fragen auf, wer im Weißen Haus davon gewusst haben konnte. Am 19. Juni berichtete die *Washington Post,* dass sich unter den Einbrechern ein republikanischer Sicherheitsberater befand. John Mitchell, Justizminister und Leiter der Wiederwahlkampagne Nixons, stritt jede Verbindung zu der Operation ab. Im Weißen Haus tat man nun alles, um die Bedeutung des Vorfalls herunterzuspielen. Nixons Pressesprecher Ron Ziegler nannte ihn einen „drittklassigen Einbruch", und der Öffentlichkeit fiel es schwer zu glauben, dass ein Präsident wie Nixon, der bei allen Umfragen weit in Führung lag, das Abhören seiner Rivalen sanktionieren würde. Am 30. August behauptete Nixon, dass sein Rechtsberater, John Dean, den Watergate-Vorfall untersucht habe und zu dem

Schluss gekommen sei, dass niemand aus dem Weißen Haus darin verwickelt war. Die Presse gab jedoch nicht so schnell auf.

Am 5. September wurde gegen James McCord, der sich selbst als pensionierter CIA-Mitarbeiter identifiziert hatte, Anklage erhoben. Die Washingtoner Staatsanwaltschaft untersuchte die Verbindung zwischen McCord und der CIA genauer. Das Gleiche taten zwei junge Reporter der *Washington Post*, Bob Woodward und Carl Bernstein. Sie stellten Nachforschungen an und wurden dabei von einem Informanten unterstützt, der als „Deep Throat" bekannt wurde. Vor Kur-

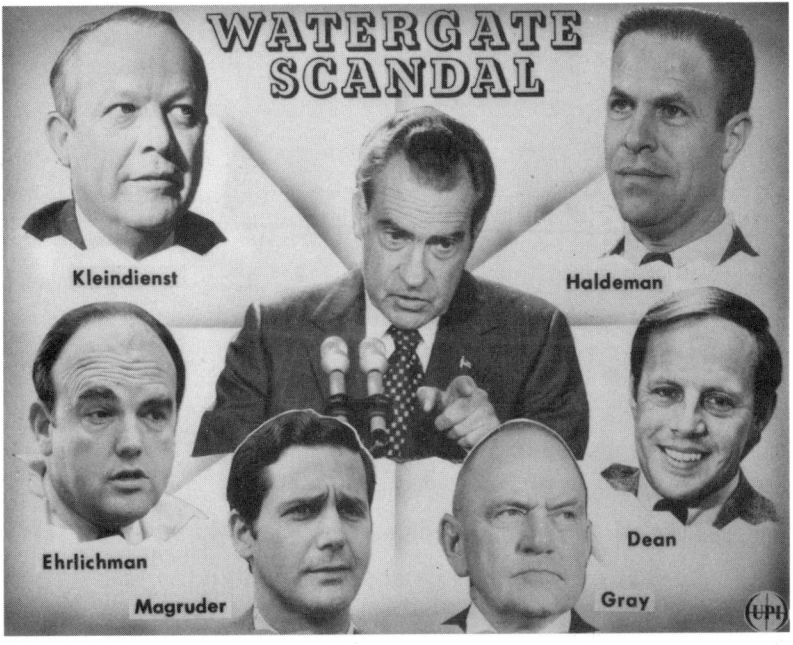

Auf dieser Grafik sieht man die wichtigsten Beteiligten an der Watergate-Affäre. Dazu gehören Präsident Richard Nixon (Mitte) und John Dean (rechts), der Rechtsberater des Weißen Hauses.

zem bekannte der damalige Vizedirektor des FBI, Mark Felt, „Deep Throat" gewesen zu sein.

In den Wochen vor der Präsidentschaftswahl veröffentlichte die *Washington Post* Artikel darüber, dass John Mitchell in seiner Amtszeit als Justizminister einen geheimen republikanischen Fonds verwaltet hatte. Dieser diente dazu, die großflächig angelegte Beschaffung von Informationen über die Demokraten zu finanzieren. Dann berichtete die Zeitung, dass einige FBI-Agenten gewusst hatten, dass der Einbruch Teil einer Spionage- und Sabotagekampagne war, die auf Geheiß des Wiederwahlkomitees für Nixon durchgeführt wurde. Aber noch immer nahm die Öffentlichkeit kaum Notiz. Im November wurde Nixon mit überwältigender Mehrheit wiedergewählt.

Am 8. Januar 1973 begann der Prozess gegen die Einbrecher sowie gegen Hunt und einen weiteren ehemaligen Agenten, der ein Sicherheitsberater des Weißen Hauses geworden war: Gordon Liddy. Alle außer McCord und Liddy bekannten sich schuldig und wurden wegen Verschwörung, Einbruchs und unerlaubten Abhörens verurteilt. Die Angeklagten waren dafür bezahlt worden, sich schuldig zu bekennen, aber nichts zu erzählen. Durch ihre Weigerung auszusagen, zogen sie sich den Zorn des Richters John Sirica (der auch als „Maximum John" bekannt war, weil er gern harte Strafen verhängte) zu. Sirica verurteilte sie zu je 30 Jahren Haft, deutete aber an, dass er es sich noch einmal überlegen würde, wenn sich die Gruppe kooperativer zeigte. McCord kapitulierte und schrieb einen Brief an den Richter, in dem er zugab, dass seine Mitangeklagten und er sich nur unter Zwang schuldig bekannt hätten und auf Druck John Deans, des Rechtsberaters des Präsidenten, und des Justizministers John Mitchells gehandelt hätten.

Geheime Aufzeichnungen

Inzwischen war aus dem „drittklassigen Einbruch" ein erstklassiger Skandal geworden. Es gab immer neue Enthüllungen. Ab 6. April arbeitete auch John Dean mit den Behörden zusammen. Nixon versprach, eine neue Untersuchung zu veranlassen, wirkte jetzt aber immer mehr wie ein Mann, der verzweifelt versuchte, etwas zu vertuschen. Dean wurde entlassen, weitere Berater des Präsidenten mussten zurücktreten. Die Presse war noch immer nicht zufrieden. Dean sagte aus, dass er den Watergate-Einbruch 35-mal vor dem Präsidenten erwähnt habe, Nixon stritt das ab. Dann fand man Tonbänder mit Aufzeichnungen aller Gespräche des Präsidenten im Oval Office.

Anfangs weigerte Nixon sich, die Bänder zu veröffentlichen, übergab den Behörden aber bearbeitete Transskripte. Schließlich wurde er gezwungen, die echten Tonbänder auszuhändigen, aber man entdeckte, dass Teile gelöscht worden waren. Der Kongress zog jetzt eine ungewöhnliche Maßnahme in Erwägung: eine Anklage gegen den Präsidenten wegen Amtsvergehens. Zuerst erschien das ausgeschlossen, aber im August 1974 wurde ein Tonband entdeckt, das bewies, dass Nixon alles gewusst hatte. Am 8. August sah Nixon schließlich ein, dass er verloren hatte, und verkündete seinen Rücktritt.

Das war das Ende der sensationellsten Verschwörung in der amerikanischen Geschichte. Oder nicht? Heute behaupten viele, dass die Demokraten Nixon damals in eine Falle gelockt hätten. Andere meinen, dass Dean an allem schuld war, der die Watergate-Affäre zur Vertuschung eines Prostitutionsskandals benutzt habe, in den er selbst verwickelt war. Aber vielleicht sollte man die Sache endlich ruhen lassen. Es gab eine Verschwörung, sie wurde aufgedeckt, alle Schuldigen wurden bestraft. Kann es ein besseres Ende geben?

Die Iran-Contra-Affäre

Eines der berüchtigtsten Komplotte unter der Regierung Ronald Reagans war die Iran-Contra-Affäre. Dabei verkaufte die US-Regierung Waffen an den Iran (eigentlich ein feindlicher Staat) und finanzierte außerdem antikommunistische Rebellen, die Contras, in Nicaragua. Nicht nur, dass die Ausrichtung beider Länder erklärtermaßen der Politik der USA widersprach – nein, es waren auch direkte Verstöße gegen die Gesetze, die der Kongress erlassen hatte. Als diese Aktivitäten aufgedeckt wurden, gab es einen riesigen Skandal, und mehrere Personen wurden angeklagt. Dazu gehörten u. a. Oberstleutnant Oliver North, eine Schlüsselfigur, und John Poindexter, der Sicherheitsberater des Präsidenten. Präsident Reagan selbst musste seine Handlungen der amerikanischen Öffentlichkeit in einer Fernsehansprache erklären. Er bestand darauf, dass seine Taten korrekt waren, doch sein Ruf und der Ruf seiner Regierung waren unwiderruflich geschädigt.

Doppelte Geschäfte

Mitte der 1980er-Jahre, als der Skandal bekannt wurde, befand sich Nicaragua in einem Bürgerkrieg zwischen der marxistischen Regierung – den Sandinistas – und den rechtsgerichteten Rebellen, den sogenannten Contras, die sich auf den Guerillakampf verlegt hatten. Die Nähe zu den USA bedeutete, dass Nicaragua grundsätzlich unter dem Einfluss des mächtigen Nachbarn stand. Es war auch klar, dass die US-Regierung die marxistische Regierung des Landes ablehnte. Aber die Tatsache, dass die Vereinigten Staaten die Rebellen finanzierten – in der Hoffnung, dass sie die kommunistische Regierung eines Tages stürzen würden –, war lange Zeit nicht öffentlich bekannt. Wohl noch schockierender waren die späteren Enthüllungen, dass die Contras mit Geld finanziert wurden, das aus dem Verkauf von amerikanischen Waffen an den Iran stammte. Der Iran wurde zu diesem Zeitpunkt von islamistischen Fundamentalisten regiert, die erklärte Feinde der USA waren. Es stellte sich heraus, dass die Amerikaner gehofft hatten, das Waffengeschäft werde die Iraner davon überzeugen, bei den islamistischen Terroristen durchzugreifen, die im Libanon Geiseln gefangen hielten. Dieses Doppelgeschäft widersprach jedoch allen internationalen Gepflogenheiten und war zudem in höchstem Maß scheinheilig, da sich Präsident Reagan öffentlich immer wieder gegen das Regime im Iran stellte.

Waffen gegen Geiseln

Zur Lösung des Geiselproblems wurde also ein geheimes Geschäft ausgehandelt, bei dem der Iran Waffen bekam und im Gegenzug dafür sorgen sollte, dass die Geiseln im Libanon freikamen. Diese Idee stammte von der israelischen Regierung, die vorschlug, dass die USA dem Iran – der sich damals im Krieg mit dem Irak befand – Hunderte von Raketen verkaufen sollten. Diese Raketen konnten Panzer zerstören, und sie hatten lasergesteuerte Entfernungsmesser sowie Wärme-

Oberstleutnant Oliver North sagt vor dem Untersuchungsausschuss zur
Iran-Kontra-Affäre aus. Er gab zu, Waffen an den Iran verkauft zu haben,
um damit nicaraguanische Rebellen zu unterstützen.

kameras. Als Ausgleich dafür würden die Terroristen im Libanon ihre
amerikanische Geisel Benjamin Weir freilassen.

Das Geschäft wurde unter Aufsicht des Verteidigungsministers
Caspar Weinberger durchgeführt, und im September kam die erste
Geisel frei. Zwei Monate später wurde ein weiteres Geschäft abge-
schlossen. Dieses Mal sollten 500 Flugabwehrraketen des Typs Hawk
in den Iran verschifft werden. Der Zweck der Hawk-Raketen ist der
Abschuss von Flugzeugen, sie können vom Boden aus von einem
Soldaten abgefeuert werden. Diese Raketen waren jedoch so teuer,
dass die ganze Vereinbarung zuerst vom Kongress genehmigt werden
musste. Robert McFarlane, der Sicherheitsberater des Präsidenten,

setzte das Geschäft durch, und 1985 kam die erste Lieferung von Raketen im Iran an. Die Verhandlungen gingen 1986 weiter, aber dieses Mal sollte ein Zwischenhändler, Manucher Ghorbanifar, die Waffen im Austausch gegen die Geiseln an den Iran verkaufen.

Der Plan begann zu kippen, als die Terroristen nach der Freilassung der Geiseln einfach neue nahmen. Außerdem warf man Ghorbanifar und Oliver North, einem Mitarbeiter des Nationalen Sicherheitsrates, vor, die Waffen zu stark überhöhten Preisen verkauft zu haben.

Die Finanzierung der Contras

Später kam heraus, dass das Geld aus dem Waffenhandel mit dem Iran zur Finanzierung der nicaraguanischen Contras für ihren Versuch, die demokratisch gewählte Regierung des Landes abzusetzen, verwendet wurde. Bereits früher in jenem Jahrzehnt hatte es einen Skandal gegeben: Es wurde enthüllt, dass die CIA die Contras heimlich unterstützte. Der Kongress hatte daraufhin das so genannte Boland-Amendment erlassen, damit so etwas nicht noch einmal passieren konnte. John Poindexter und Oliver North war es jedoch gelungen, ein legales Schlupfloch zu finden: Sie wickelten ihre Geschäfte einfach unter der Federführung des Nationalen Sicherheitsrates ab, der nicht unter das Boland-Amendment fiel.

Es dauerte nicht lange, bis die Presse davon Wind bekam und Alarm schlug. 1986 wurde der Waffen-gegen-Geiseln-Handel aufgedeckt, und zwar nach einem Vorfall, bei dem Waffen für die Contras nach Nicaragua geschmuggelt und entdeckt worden waren. Oliver North und seine Sekretärin Fawn Hall gerieten unter Verdacht, nachdem sie Dokumente über diesen Handel vernichtet hatten. Letztendlich musste die Regierung nun zugeben, was wirklich geschehen war.

Die Schuldigen finden

Um Kritik abzuwenden, berief Präsident Reagan eine Untersuchungs-kommission ein, die Tower-Kommission. Er gab an, dass er nichts von dem Tausch gewusste hatte und auch nichts darüber, dass die Ge-winne aus dem Handel mit dem Iran zur Unterstützung der Contras eingesetzt wurden. Die Kommission benannte North und Poindexter als Hauptschuldige und erwähnte, dass auch Weinberger in die Sache verwickelt war. Sie bemängelte, dass der Präsident sich mehr darum kümmern sollte, was seine Mitarbeiter hinter seinem Rücken taten. 1987 klagte der Kongress McFarlane, Poindexter und North an. Sie wurden in mehreren Punkten für schuldig befunden, aber die Urteile wurden später revidiert. Reagan selbst überstand den Skandal relativ unbeschadet, obwohl klar war, dass er in einem gewissen Maß von den Geschäften gewusst haben musste.

Die Iran-Contra-Affäre ist der größte Skandal der Reagan-Admi-nistration. Er zeigt deutlich, wie hohe Regierungsbeamte ohne jede Achtung vor den Gesetzen handeln. Sie stellten ihre eigenen Regeln auf, während sie nach außen für Demokratie und Fair Play eintraten. Die Tatsache, dass alle Beteiligten letztendlich begnadigt wurden, war für viele nur ein Beweis dafür, dass Intrigen und Komplotte skrupel-loser Politik immer zugrunde liegen – nicht nur in totalitären Staaten, sondern auch in unseren Demokratien.

Die CIA und Salvador Allende

Es gibt viele Theorien über die CIA und ihre Verwicklung in die Destabilisierung linksgerichteter Regimes überall auf der Welt. Einige davon sind so paranoid, dass man sie unmöglich ernst nehmen kann, während andere zwar wahr erscheinen, aber schwer zu beweisen sind. Im Fall des Sturzes des chilenischen Präsidenten Salvador Allende im Jahr 1973 scheint jedoch klar zu sein, dass die CIA seit Jahren die Popularität dieses demokratisch gewählten Präsidenten unterminiert hatte und in die Ereignisse verwickelt war, die zu seinem Sturz führten.

Der Aufstieg Allendes

Der 1903 in Valparaiso, Chile, geborene Salvador Allende studierte Medizin und wurde noch während des Studiums politisch aktiv. 1933 wurde er Sekretär der Sozialistischen Partei Chiles, deren Ziel es war, außerhalb des Einflussbereichs der Sowjetunion marxistische Politik zu betreiben. Unter der Regierung Pedro Aguirre Cedras wurde er 1939 Gesundheitsminister. Einige Jahre später wählte man ihn zum Senator. Anschließend bewarb er sich um das Amt des Präsidenten, brauchte aber drei Anläufe, bis er 1970 endlich Erfolg hatte.

Als neuer Präsident versprach Allende, Chiles dringende wirtschaftliche und soziale Probleme zu lösen. Damals hatten Inflation und Arbeitslosigkeit dramatische Ausmaße angenommen, und fast die Hälfte aller chilenischen Kinder war unterernährt. Allende ließ sofort die Löhne anheben, die Preise einfrieren, verstaatlichte die Banken und die Kupferindustrie und setzte Landreformen in Gang. Das machte ihn in den USA, die breit gefächerte wirtschaftliche Interessen in Chile hatten, ziemlich unbeliebt.

Der Putsch

Im September 1970 beauftragte Präsident Richard Nixon den amerikanischen Außenminister Henry Kissinger, einen Putsch gegen Allendes sozialistische Regierung in Chile zu unterstützen. Kissinger behauptet heute, er habe zwar anfänglich die Anweisungen des Präsidenten befolgt, sich aber später – zusammen mit der CIA – aus der Angelegenheit zurückgezogen. Drei Jahre später gab es dann tatsächlich einen Militärputsch in Chile, bei dem Allende gestürzt wurde. Sein Nachfolger wurde General Augusto Pinochet. Salvador Allende soll während des Putsches mit einer Pistole, die ihm Fidel Castro geschenkt hatte, Selbstmord begangen haben.

Der Diktator Pinochet regierte Chile bis 1990, und in dieser Zeit war er für seine ständigen Vergehen gegen das Menschenrecht berüchtigt. Kissinger und die CIA wurden beschuldigt, an diesen Vergehen beteiligt gewesen zu sein. Angeblich hatten sie bei der Organisation der „Operation Condor" geholfen, einer geheimen, rechtsgerichteten Gruppe von Militärs, die in den 1970er-Jahren Hunderte Regimegegner entführt und ermordet hatte.

Salvador Allende mit dem kubanischen Diktator Fidel Castro.
Die CIA befürchtete, dass Allende seine Beziehungen zu Castro, dem Erzfeind
der USA, ausbauen würde.

Eine Beteiligung der CIA?

Inzwischen wurde nachgewiesen, dass die CIA zwischen 1963 und 1973 alles in ihrer Macht Stehende getan hatte, um zu verhindern, dass eine sozialistische Regierung in Chile an die Macht kam. Bei den Wahlen 1964 hatte sie die Opposition finanziell unterstützt. Außerdem verbreitete die CIA in Radio, Fernsehen und in der Presse Wahlpropaganda, mit der sie den Chilenen beweisen wollte, dass Allendes kommunistische Ansichten das Land ruinieren würden. Bei den Präsidentschaftswahlen 1970 führte die Agency eine Kampagne gegen Allende selbst. Nichtsdestotrotz gewann Allende die Wahl mit knappem Vorsprung. Anschließend versuchte die CIA, andere chilenische Politiker davon zu überzeugen, die politischen Abläufe so zu manipulieren, dass Allende abgesetzt werden würde. Im schlimmsten Fall sei eben ein Putsch nötig. Als dieser Plan ebenfalls scheiterte, begannen die USA, wirtschaftlichen Druck auf das Land auszuüben.

Zusätzlich zu seinen Feinden in den USA hatte Allende auch viele Gegner in Chile selbst – hauptsächlich Menschen, die aufgrund seiner Politik Gefahr liefen, ihren Reichtum zu verlieren. Die Änderung der politischen Richtung des Landes hatte zu einer ganzen Reihe von wirtschaftlichen und sozialen Problemen geführt, die durch das feindselige Verhalten der USA noch verstärkt wurden. Besonders innerhalb des Militärs gab es eine starke Opposition gegen Allende, und vom Militär ging auch 1973 der Putsch aus.

Bis heute ist nicht wirklich klar, in welchem Ausmaß die CIA nun an dem Putsch beteiligt war. Es ist jedoch sicher, dass während Allendes Amtszeit geheime Operationen in Chile abliefen und dass die CIA ihre Kampagne gegen ihn auch noch während des Putsches weiterführte.

Das Projekt Fubelt

Verschiedene Untersuchungen haben mehr Klarheit in die Rolle der Vereinigten Staaten gebracht, obwohl die ganze Wahrheit wohl erst noch ans Tageslicht kommen muss. Der ehemalige Außenminister Henry Kissinger gab inzwischen zu, dass Nixon zwar nicht direkt in den Putsch verwickelt war, er aber „die bestmöglichen Voraussetzungen dafür geschaffen hat". Wie wir außerdem durch die Freigabe einiger ehemals geheimer Dokumente erfahren konnten, hatte die US-Regierung bereits 1970 mit dem „Projekt Fubelt" versucht, Allende zu stürzen. Damals hatte die CIA Verbindungen zu General Roberto Viaux, der einen Coup gegen Präsident Allende geplant hatte. Im Zuge dessen sollte der Armeestabschef General René Schneider entführt werden. (Schneider war aus verfassungsrechtlichen Gründen gegen eine militärische Intervention.) Der Putschversuch, bei dem General Schneider starb, scheiterte jedoch.

Kissinger beharrte später darauf, dass die CIA sich aus den Putschplänen zurückgezogen habe. Es gibt auch noch immer keine stichhaltigen Beweise, welche die CIA mit dem Putsch von 1973 in unmittelbare Verbindung bringen, aber durch ihre Verwicklung in den früheren Putschversuch liegt die Vermutung nahe. Ein Großteil der Informationen ist weiterhin geheim. In den letzten Jahren wurde deutlich, dass die US-Regierung offiziell zwar Kritik am Regime Pinochets übte, die CIA die Militärjunta jedoch heimlich unterstützte und viele Offiziere als Informanten bezahlte. Einige davon waren in schwere Menschenrechtsverletzungen verwickelt, aber die CIA wies diese Anschuldigungen zurück.

Das Nachspiel

Die Opfer des Pinochet-Regimes haben inzwischen damit begonnen, die Vereinigten Staaten und die CIA zu verklagen. Im Jahr 2001 beschuldigte General Schneiders Familie Henry Kissinger, den Mord des Generals geplant zu haben, weil er sich gegen den Militärputsch gestellt hatte. Man fand jedoch heraus, dass die CIA zwar die Entführung Schneiders erwogen, seinen Tod aber nicht geplant hatte. Kissinger behauptet weiterhin, Präsident Nixon und er hätten in letzter Minute beschlossen, den Putschversuch nicht zu unterstützen.

Aber wie die Wahrheit auch aussehen mag: Klar ist, dass die CIA viele Jahre lang versuchte, den Erfolg der sozialistischen Regierung in Chile zu verhindern, indem sie deren Gegner unterstützte. Letzten Endes erreichte sie ihr Ziel, aber das beliebte Bild von den Vereinigten Staaten als Verteidiger von Demokratie und Freiheit war ein für alle Mal zerstört. Deshalb behielten die Verschwörungstheoretiker im Fall Allende sogar Recht.

Die Marc-Dutroux-Verschwörung

Normalerweise entstehen Verschwörungstheorien durch Unbeteiligte. Skeptische Bürger spekulieren über die Wahrheit hinter Dingen, die sie in den Fernsehnachrichten sehen oder in der Zeitung lesen. Von Zeit zu Zeit werden solche Theorien allerdings auch von einem der Beteiligten selbst in die Welt gesetzt. Dafür gibt es zwei Erklärungen: Entweder der Beteiligte sagt dabei die Wahrheit, weil er weiß, dass er nur als Sündenbock herhalten soll, oder er versucht, mit einer Verschwörungstheorie von seiner eigenen Schuld abzulenken.

Meistens ist es ziemlich einfach, den Unterschied festzustellen, aber im Fall des belgischen Pädophilen und Serienmörders Marc Dutroux schwingt noch immer eine gewisse Unsicherheit mit. Hat Dutroux vier Mädchen ermordet, um sich seine eigenen perversen Fantasien zu erfüllen, oder war er – wie er vor Gericht behauptete – das Instrument eines pädophilen Komplotts, das bis in die obersten Schichten der belgischen Gesellschaft reichte?

Sehen wir uns zunächst die Fakten an. Marc Dutroux wurde am 6. November 1956 in der belgischen Hauptstadt Brüssel geboren. Er war das älteste von sechs Kindern. Beide Elternteile waren Lehrer, und Dutroux behauptete, dass sie ihn regelmäßig geschlagen hätten. Man muss diese Aussage jedoch – wie alle seine Aussagen – mit größter Vorsicht genießen, denn er log geradezu chronisch. Wir wissen, dass seine Eltern sich 1971, als er 15 Jahre alt war, getrennt haben. Kurz danach lief er von zu Hause weg und geriet auf die schiefe Bahn. Er wurde zum Kleinkriminellen und verkaufte sich auch als Strichjunge.

Mit 20 Jahren arbeitete er als Elektriker und heiratete seine erste Frau, mit der er zwei Kinder hatte. Sie ließ sich später von ihm scheiden und gab als Grund seine Untreue und seine Gewalttätigkeit an. Eine dieser Affären war Michelle Martin, die später seine zweite Frau wurde. Offensichtlich teilte sie auch seine abartigen sexuellen Vorlieben.

1989 wurden die beiden wegen Kindesmissbrauchs verurteilt. Man warf ihnen vor, gemeinschaftlich fünf Mädchen entführt zu haben, damit Dutroux sie vergewaltigen konnte. Für seinen Anteil an der Tat wurde Dutroux zu 13 Jahren Gefängnis verurteilt. Er wurde jedoch aufgrund guter Führung nach nur drei Jahren wieder entlassen.

Das Verlies

Bevor er ins Gefängnis ging, war Dutroux in eine ganze Reihe krimineller Machenschaften verwickelt gewesen, von Überfällen bis Drogenhandel. Nach seiner Entlassung aus dem Gefängnis gab er sich keine Mühe, eine legale Arbeit zu finden. Das Erste, das er stattdessen tat, war, ein Verlies im Keller seines Hauses in Charleroi zu bauen. Es war eines von mehreren Häusern, die er mit seinen „Einnahmen" gekauft hatte. In dem Verlies sollten Kinder nicht nur missbraucht werden – Dutroux wollte das Ganze auch noch filmen und an ein Netzwerk aus Kinderschändern verkaufen.

Wie viele andere Serienmörder könnte auch Dutroux mehr Menschen auf dem Gewissen haben, als wir ahnen. Es ist höchst unwahrscheinlich, dass sein Verlies drei Jahre lang nicht benutzt wurde. Das erste Verbrechen, von dem wir wissen, begann am 24. Juni 1995, als zwei achtjährige Mädchen, Julie Lejeune und Melissa Russo, in Liège, Belgien, entführt wurden. Sie wurden in Dutroux' Verlies gebracht, wo er sie für seine perversen Fantasien missbrauchte – und wo sie vermutlich auch von weiteren Pädophilen vergewaltigt wurden.

Zwei Monate später, während die Mädchen noch immer in dem grausigen Verlies saßen, entführten Dutroux und sein Komplize Bernard Weinstein zwei Teenager: An Marchal (18 Jahre alt) und Eefje Lambreks (17 Jahre) aus dem Seebad Ostende. Sie wurden zu Weinsteins Haus gebracht, wo die beiden Männer sie vergewaltigten und töteten. Dann tötete Dutroux auch Weinstein. Warum er dies tat, ist bis heute nicht bekannt. Er vergrub alle drei Leichen unter einem Gartenhäuschen.

Die Hunde wurden gefüttert, die Kinder nicht

Die beiden anderen Kinder lebten zu diesem Zeitpunkt noch. Die Polizei erhielt einen anonymen Hinweis, dass Marc Dutroux die Kinder entführt habe, aber bei einer Hausdurchsuchung übersahen sie das Verlies, obwohl sie ausdrücklich auf dessen Existenz hingewiesen worden waren. Als Dutroux im Dezember 1995 wegen Autodiebstahls zu vier Monaten Gefängnis verurteilt wurde, trug er Michelle Martin auf, die Mädchen zu versorgen. Unglaublicherweise tat sie das nicht. Sie kam regelmäßig zum Haus, um Dutroux' Hunde zu füttern, aber sie gab an, dass sie Angst gehabt habe, zu den Kindern in den Keller zu gehen. Die beiden Mädchen verhungerten.

Als Dutroux wieder aus dem Gefängnis kam, fand er die beiden Leichen, bewahrte sie eine Zeit lang in seiner Kühltruhe auf und vergrub sie anschließend im Garten eines anderen Hauses in Sars-la-Buissière. Am 28. Mai entführte er die 14-jährige Sabine Dardenne und brachte sie zum Verlies. Er erzählte ihr, dass er sie vor einem Kinderschänderring gerettet habe, der sie entführt und eine Lösegeldforderung an ihre Eltern gestellt habe. Sein „Schutz" hinderte ihn jedoch nicht daran, sie mindestens 20-mal zu vergewaltigen, wie sie in ihrem Tagebuch festhielt. Nach 72 Tagen im Verlies brachte Dutroux ihr am 9. August dann eine „Gefährtin", die zwölfjährige Laetitia Delhez.

Dieses Mal hatte jedoch ein Zeuge in der Nähe des Entführungsortes ein verdächtiges Fahrzeug bemerkt. Der Wagen gehörte Dutroux, der am 13. August zusammen mit Martin in dem Haus in Sars-la-Buissieère verhaftet wurde. Zwei Tage später wurde das Haus in Charleroi erneut durchsucht, und dieses Mal entdeckte man das Verlies. Dardenne und Delhez konnten gerettet werden. In den nächsten Wochen begann Dutroux, seine Taten zu gestehen, aber er beharrte stets darauf, dass er nur eine kleine Spielfigur in einer viel größeren Pädophilenverschwörung sei. Schließlich führte er die Polizei – vor den Augen einer zutiefst geschockten Nation – zu den Leichen seiner fünf Opfer.

Korruption an höchster Stelle

Aus dem Schock wurde Wut, als die Ermittlungen sich endlos hinzuziehen begannen und Spekulationen entfachten, dass die Angele-

genheit von Kinderschändern auf hohen Posten absichtlich hinaus-
gezögert werde. Schließlich wurde auch noch der Hauptankläger mit
einem fadenscheinigen Argument seines Amtes enthoben. Die belgische Bevölkerung begann zu glauben, dass Dutroux' Gerede von
einer Verschwörung nicht nur ein Ablenkungsmanöver war. Es fanden mehrere große Demonstrationen gegen die angeblich korrupten
Ermittlungsbehörden statt.

Zwei Jahre später konnte Dutroux dann auch noch kurzfristig aus
der Haft entfliehen, was den Zorn der Öffentlichkeit weiter anstachel-
te und zum Rücktritt zweier Minister führte. Es dauerte aber weitere
sechs Jahre, bis im März 2004 endlich die Verhandlung begann. Marc
Dutroux bestand auch weiterhin darauf, dass er nur ein kleines Räd-
chen in einer gewaltigen Verschwörung sei, aber die tapferen Aussagen seiner überlebenden Opfer – vor allem der unglaublich beein-
druckenden Sabine Dardenne – waren vernichtend. Dardenne sagte
aus, dass Dutroux ihr ebenfalls von einem Komplott erzählt und sich
sogar als ihr Beschützer dargestellt habe. Aber dann berichtete sie,
dass sie niemals einen der angeblichen „anderen" gesehen habe und
dass nur Dutroux allein sie wiederholt vergewaltigt habe.

Die Verteidiger versuchten trotzdem, an der Verschwörungstheorie festzuhalten. Sie wiesen darauf hin, dass man DNS-Material von
unbekannten Personen im Verlies gefunden habe. Dutroux versuchte,
Michel Nihoul, einen Kriminellen und regelmäßigen Besucher bel-
gischer SexKlubs, als Dreh- und Angelpunkt der Verschwörung hin-
zustellen. Obwohl Hinweise darauf deuteten, dass einige sehr reiche
und mächtige Männer an Nihouls Orgien (mit bereitwilligen Erwachsenen) teilgenommen hatten, gab es keinerlei Beweise, dass sie in ir-
gendeiner Weise an Dutroux' abartigen Unternehmungen beteiligt
waren.

Der Richter und die Geschworenen bewerteten Sabine Dardennes Aussage als glaubhaft. Dutroux wurde des Mordes für schuldig befunden und zu lebenslanger Haft ohne Bewährung verurteilt. Michelle Martin bekam für ihre unvorstellbare Grausamkeit bei der Unterstützung Dutroux' und den Hungertod der beiden Mädchen 30 Jahren Gefängnis. Michel Nihoul wurde zwar vom Vorwurf der Entführung freigesprochen, aber wegen Drogen- und Menschenhandels zu zehn Jahren Haft verurteilt.

War es richtig, die Vorstellung einer großen Verschwörung von Pädophilen zurückzuweisen? Es scheint so. Vermutlich war das Ganze nur ein Versuch, die unglaubliche Inkompetenz der belgischen Polizei und die Verwicklung einiger bedeutender Männer in Nihouls Orgien – nicht in Dutroux' Morde – zu vertuschen.

Die Tuskegee-Syphilis-Studie

Die Tuskegee-Syphilis-Studie wurde von 1932 bis 1972 durchgeführt und war eines der schockierendsten medizinischen Experimente aller Zeiten. 399 Schwarze – zum Großteil arme Farmpächter aus Alabama – unterzogen sich einer angeblichen Behandlung gegen „böses Blut", die ihre Krankheiten heilen sollte. Man sagte ihnen jedoch nie, dass sie Syphilis hatten und dass sie nur am Anfang der Studie dagegen behandelt wurden. Tatsächlich untersuchten die Ärzte lediglich die Auswirkungen der unbehandelten Krankheit und warteten auf den Tod ihrer „Patienten", damit sie Autopsien durchführen konnten. Der angebliche Zweck des Experiments war, mehr über die Krankheit herauszufinden und zu sehen, ob sie sich auf Dunkelhäutige anders auswirkt als auf Weiße. Am Ende des Experiments, das sich über mehrere Jahrzehnte erstreckte, musste man zugeben, keine bahnbrechenden Erkenntnisse gewonnen zu haben. In der Zwischenzeit waren viele der Männer an der schrecklichen Krankheit, zu deren Symptomen Lähmungen, Blindheit, Herzkrankheiten, Tumoren und geistige Verwirrtheit gehörten, gestorben. Noch schlimmer war, dass sich auch viele Ehefrauen angesteckt und Kinder mit erblich bedingter Syphilis auf die Welt gebracht hatten.

„Kostenlose Spezialbehandlung"

Diese Studie wurde am Tuskegee-Institut unter Aufsicht der US-Gesundheitsbehörde begonnen. Ursprünglich sollte eine Gruppe Schwarzer mit unbehandelter Syphilis über einen Zeitraum von einige Monaten hinweg beobachtet und dann behandelt werden. Einige der Ärzte wollten das Programm verlängern, aber sie glaubten, dass die Männer wohl nicht sehr kooperativ sein würden, wenn sie die Wahrheit erfuhren: dass man herausfinden wollte, wie lange es dauerte, bis sie an der Krankheit starben.

Daraufhin begannen die Ärzte, die Tatsachen konsequent zu verfälschen. Sie schrieben ihre Patienten an und warben für „kostenlose Spezialbehandlungen", obwohl sie nur weitere Tests durchführten. Dazu gehörten u. a. schmerzhafte und riskante Rückenmarkspunktionen, die den Patienten zudem aus medizinischer Sicht in keinster Weise weiterhalfen.

Beschämende Ethik

1947 wurde Penicillin zum Medikament der Wahl bei Syphilis, und es gab einige Regierungsinitiativen, die ganze Bevölkerung so schnell wie möglich zu behandeln. In bundesweiten Kampagnen wurden die Bürger eingeladen, sich in die Behandlungszentren zu begeben. Alle Männer, die zum Wehrdienst eingezogen wurden, untersuchte man automatisch auf die Krankheit und behandelte sie falls nötig.

Die Teilnehmer des Tuskegee-Experiments wurden davon ausgeschlossen. Sie akzeptierten aber die Erklärung, dass sie ja bereits dagegen behandelt wurden. Auf diese Weise verwehrte man den Männern ganz legal das Medikament, das ihr Leben hätte retten können.

Erst 1966 wurde diese Geschichte öffentlich bekannt. Peter Buxtun, der für das Gesundheitsamt in San Francisco arbeitete und dort für Geschlechtskrankheiten zuständig war, wurde auf das Experiment aufmerksam. Er schrieb seine Vorgesetzten an und teilte ihnen mit, was vor sich ging. Man ließ ihn jedoch wissen, dass das Experiment fortgeführt werden müsse. Es werde erst eingestellt werden, wenn alle Teilnehmer gestorben seien und man die Autopsien durchgeführt habe. Frustriert von dieser Abfuhr wandte sich Buxtun an die Presse. 1972 druckten mehrere große Zeitungen Artikel über das Experiment. Aufgrund der negativen Reaktion der Öffentlichkeit wurde die Studie eingestellt. Die überlebenden „Versuchskaninchen" und ihre Familien erhielten Entschädigungen und das Versprechen, zukünftig kostenlos medizinisch versorgt zu werden.

Zwei Jahre später wurde ein Gesetz erlassen, das medizinische Experimente an Menschen besser regeln sollte. Aber erst 1997 entschuldigte sich ein Präsident der USA öffentlich für die Syphilis-Studie. In Anwesenheit von fünf der gerade einmal acht Überlebenden des Experiments bat Präsident Clinton in aller Form für das Verhalten der USA um Entschuldigung und nannte es „beschämend".

Eine Intrige gegen ethnische Minderheiten

Da die Studie nur an Schwarzen durchgeführt worden war, wurden die Wissenschaftler von vielen als Rassisten beschimpft. Jedoch waren mehrere der beteiligten Wissenschaftler selbst afro-amerikanischer Herkunft. Außerdem wurde das Experiment unter Aufsicht einer der respektabelsten „schwarzen Universitäten" durchgeführt, des Tuskegee-Instituts, das von Booker T. Washington gegründet worden war. Das Universitätskrankenhaus hatte seine medizinischen Einrichtungen an die Gesundheitsbehörde vermietet. Schwarze Mediziner vor Ort hatten daraufhin selbst an der Studie mitgearbeitet.

Eine der Hauptfiguren war die dunkelhäutige Krankenschwester Eunice Rivers. Sie arbeitete fast 40 Jahre lang mit den Teilnehmern der Studie, und die meisten vertrauten ihr. Sie verteidigte ihre Handlungen später mit der Behauptung, nur den Anweisungen der Ärzte gefolgt zu sein.

Eigenartigerweise waren die dunkelhäutigen Ärzte und Krankenschwestern tatsächlich der festen Überzeugung, dass sie dabei halfen, das Problem der Geschlechtskrankheiten in den afro-amerikanischen Gemeinden zu lösen. Die meisten von ihnen hatten sich auch bei Ge-

Farbige amerikanische Soldaten der Luftwaffe, die 1942 unter dem Tuskegee Air Program ausgebildet wurden. Das Tuskegee-Syphilis-Experiment wurde dagegen nicht so öffentlich gemacht.

sundheitshilfsprogrammen eingeschrieben, die den ärmsten Bewohnern ihrer Region (in Macon County) zugute kamen. Es schien, als hätten sie überhaupt nicht erkannt, dass es falsch ist, Menschen nur als Mittel zum Zweck zu sehen, ganz egal, wie löblich der Gedanke dahinter im Grunde auch ist.

Erstaunlich ist auch, wie diese Studie angelegt wurde. Nachdem sie eingestellt worden war, begann man, Fragen zu stellen. Warum war es überhaupt notwendig, den Unterschied zwischen den Symptomen dunkel- und hellhäutiger Kranker herauszufinden? Welchen Unterschied machte es, ob Schwarze tatsächlich eher Herz-Kreislauf-Beschwerden bekamen und Weiße neurologische Aussetzer? Wie dieses Wissen bei der späteren Behandlung hätte helfen sollen, blieb unklar.

Auch die Methodologie des Experiments war nicht ganz fehlerlos: Die Untersuchung sollte ja zeigen, wie die Krankheit bei unbehandelten Testpersonen fortschritt – aber die Menschen hatten in den ersten Monaten der Studie, bevor man beschloss, die ganze Sache auszudehnen, bereits Medikamente erhalten! Die Gedankengänge dieses Experiments waren völlig unklar und der wissenschaftliche Nutzen fragwürdig. Man kann eigentlich nur vermuten, dass die Wissenschaftler – eventuell sogar nur unterbewusst – so verblendet waren, dass sie gar nicht mehr bemerkten, wie unmenschlich sie mit ihren Testpersonen in Wirklichkeit umgingen.

Spätere soziologische Studien ergaben, dass das Tuskegee-Experiment negative Auswirkungen auf Gesundheitsprogramme hatte, die auf die dunkelhäutige Bevölkerung abzielten. Verständlicherweise misstrauten die meisten den Behörden nach Bekanntwerden der Studie. Die Tuskegee-Episode stellt sicherlich eine der hässlichsten Verschwörungen in der amerikanischen Geschichte dar.

Chappaquiddick

In den 1960er-Jahren beherrschten die drei Kennedy-Brüder die politische Landschaft der USA. Jeder der drei war am Ende in eine sensationelle Geschichte verwickelt, die reihenweise Verschwörungstheorien nach sich zog. Im Fall der beiden älteren Brüder, John und Robert, war es ihre Ermordung. Der jüngere Bruder, Edward „Teddy" Kennedy, geriet durch den Tod einer jungen Frau, Mary Jo Kopechne, in die Schlagzeilen.

Mary Jo war zum Zeitpunkt ihres Todes 28 Jahre alt. Sie hatte seit ihrem Collegeabschluss in Washington gearbeitet – zuerst als Sekretärin des Senators George Smathers und dann für Robert Kennedy. Während Kennedys Präsidentschaftswahlkampf gehörte sie zu einem sehr aktiven Wahlkampfteam, den „Boiler Room Girls". Nach Robert Kennedys Ermordung im Jahr 1968 hatten sich die jungen Frauen um die Abwicklung seines Büros gekümmert. Als Dank für ihre Arbeit lud sie Roberts Bruder Edward Kennedy, ebenfalls Senator, zu einem Wochenende in Martha's Vineyard ein. Sie wollten sich am 18. Juli 1969 eine Segelregatta in Edgartown ansehen und danach zu einer Party fahren, die zu ihren Ehren auf der Insel Chappaquiddick abgehalten werden sollte.

Von der Brücke gestürzt

Die Party fand in sehr kleinem Kreis statt. Außer den „Boiler Room Girls" – Kopechne, Susan Tannenbaum, Maryellen Lyons, Ann Lyons, Rosemary (Cricket) Keough und Esther Newburgh – waren noch sechs Männer anwesend, die zwar alle verheiratet waren, aber ohne ihre Frauen erschienen. Diese Männer waren: Edward Kennedy, Staatsanwalt Paul Markham, Joe Gargan (Kennedys Cousin, ein Rechtsanwalt), Charles Tretter, Raymond La Rosa und John Crimmins. Gargan hatte das Häuschen für die Party, das Lawrence Cottage, angemietet. John Crimmins sorgte für den Alkohol. Er brachte über sechs Liter Wodka und Scotch, zwei Flaschen Rum und zwei Kästen Bier mit – eine beachtliche Menge für zwölf Personen, von denen mindestens zwei überhaupt keinen Alkohol tranken.

Nach eigener Aussage bot Kennedy Kopechne gegen 23.15 Uhr an, sie nach Hause zu fahren. Dazu mussten sie die Fähre zurück nach Edgartown nehmen. Aber anstatt rechts auf die Straße zur Fähre einzubiegen, bog Kennedy links ab und geriet auf eine ihm unbekannten Straße. Diese führte völlig überraschend auf eine schmale Brücke. Das Auto schoss seitlich über die Brücke hinaus, überschlug sich und stürzte ins Wasser.

Schockzustand

Anfangs dachte Kennedy, er werde ertrinken, aber dann sprang die Tür auf, und er konnte an die Oberfläche gelangen. Dort sah er sich nach Kopechne um, konnte sie aber nicht entdecken. Er tauchte nach unten, erreichte das Auto aber aufgrund der starken Strömung nicht. Unter Schock stehend und mit einer Gehirnerschütterung machte er sich auf den Weg zurück zum Cottage, wo er Gargan und Markham um Hilfe bat. Sie kehrten zum Auto zurück und versuchten erneut, hinabzutauchen, hatten aber keinen Erfolg. Immer noch unter Schock ging Kennedy zum Fähranleger, schwamm von dort aus ans Festland und ging zurück in sein Hotel. Erst am nächsten Morgen wurde ihm klar, was passiert war. Er rief die Polizei an und meldete den Unfall.

Die Polizei akzeptierte den Unfallbericht Kennedys mehr oder weniger. Er musste sich jedoch vor Gericht dafür verantworten, dass er den Unfallort verlassen und es versäumt hatte, den Unfall sofort der Polizei zu melden. Er wurde zu zwei Monaten auf Bewährung verurteilt, obwohl die Rechtssprechung des Staates für ein derartiges Vergehen eigentlich eine Haftstrafe ohne Bewährung vorsah. Die ganze Zeit über bestand Kennedy darauf, dass er zum Zeitpunkt des Unfalls nicht betrunken gewesen sei. Am nächsten Tag war natürlich nicht mehr nachweisbar, ob er die Wahrheit gesagt hatte oder nicht.

Eine Affäre?

Es ist nicht verwunderlich, dass viele Kennedys Version nicht glaubten. Es dauerte auch nicht lange, bis Beweise auftauchten, die diese Zweifel bestätigten. Ein örtlicher Hilfssheriff, Christopher „Huck" Look, war in der fraglichen Nacht gegen 0.30 Uhr auf dem Weg nach Hause. Er sah an der Abzweigung zum Cottage ein geparktes Auto, in dem ein Mann und eine Frau saßen. Look dachte, dass sich das Paar vielleicht verirrt hätte, und stieg aus, um seine Hilfe anzubieten. Als er auf das Auto zuging, wendete es schnell und fuhr die Straße (die kaum mehr als ein Feldweg war) hinab, die zu der Brücke führte.

Falls es tatsächlich Kennedys Auto war, wirft das einen Schatten auf seine Geschichte, dass er Kopechne zur Fähre bringen wollte. Die

Senator Edward Kennedy (rechts) und seine Brüder John (links) und Robert in Hyannisport, Massachusetts.

letzte Fähre war zu diesem Zeitpunkt nämlich längst abgefahren. Viele vermuten, dass Kennedy mehr im Sinn hatte und dass sie die kleine Straße mit Absicht hinunterfuhren, um ein paar ungestörte Stunden miteinander zu verbringen. Dieser Theorie nach soll Kennedy in Panik geraten sein, als er den Sheriff sah, denn höchstwahrscheinlich war er betrunken. Daraufhin fuhr er zu schnell und stürzte von der Brücke ins Wasser.

Weitere Zweifel bestanden an der Tatsache, dass Kennedy zu geschockt war, um den Unfall zu melden. So gab es z. B. in der Nähe der Unfallstelle einige Häuser, bei denen er hätte um Hilfe bitten können. Stattdessen ging er zurück zum Cottage und fragte die beiden Männer, von denen er wusste, dass sie diskret sein würden: Gargan und

Markham. Laut einer Folgeaussage Gargans war Kennedy vor allem darum bemüht, seine Rolle bei dem Unfall zu vertuschen, anstatt sich um das Schicksal Kopechnes Gedanken zu machen. Angeblich soll er Gargan sogar angewiesen haben auszusagen, dass Kopechne das Auto allein gefahren habe. Nachdem Gargan ihn darauf hinwies, dass dieser Plan in einer Katastrophe enden könne, schwamm der wütende Kennedy zurück zu seinem Hotel und ging zu Bett. Am nächsten Tag wirkte er frisch und munter und nicht wie ein Mann, der unter Schock stand. Und erst als Gargan und Markham an diesem Morgen mit der Fähre zu ihm hinüberkamen, ließ er sich dazu überreden, den Unfall überhaupt zu melden.

Erstickt, nicht ertrunken

Zu diesem Zeitpunkt war das versunkene Auto mit der Leiche von Kopechne vom Taucher John Farrar bereits entdeckt worden. Er berichtete, dass es so aussah, als habe sie sich in einer Luftblase befunden und sei erstickt, als ihr die Luft ausging. Kopechne war offensichtlich nicht ertrunken. Diese Beurteilung wurde angeblich auch von dem Bestattungsunternehmer, der Kopechnes Leiche vorbereitete, bestätigt. Eine Autopsie zur genauen Feststellung der Todesursache gab es allerdings nicht. Falls Farrar damit Recht hatte, dass Kopechne sich in einer Luftblase befunden hatte, dann hätte sie noch bis zu zwei Stunden nach dem Unfall leben können. In diesem Fall hätte Kennedys Versäumnis, den Unfall sofort zu melden, direkt zu ihrem Tod geführt.

Es klingt zwar hart, aber es ist durchaus möglich, dass Kennedy seine Karriere wichtiger war als Mary Jo Kopechnes Leben. Wenn das stimmt, so hatte er damit jedoch nur teilweise Erfolg. Dieser Skandal reichte nicht aus, um ihn dazu zu zwingen, sein Senatorenamt aufzugeben – er machte jedoch jede Chance auf das Präsidentenamt zunichte, das Kennedys größter Ehrgeiz war. Man kann davon ausgehen, dass die ganze Untersuchung des Falls nicht völlig korrekt ablief. Besonders auffällig war, dass Kennedys etliche frühere Verkehrsdelikte auf geheimnisvolle Weise aus den Akten verschwunden waren, die man dem Gericht vorlegte. Einige sehen aber ein noch viel größeres Komplott hinter der Sache, nämlich, dass Kennedy in eine Falle gelockt worden war, um seinen Ruf zu schädigen. Nach dieser Theorie hatte die CIA (oder eine geheimnisvolle Organisation, die sich „Power Control Group" nannte) bereits John und Robert Kennedy ermorden lassen. Ein Mord an Edward wäre zu verdächtig gewesen. Indem sie ihn mit Mary Jo Kopechne in eine Falle lockten, konnten sie ihn aber auch so ruinieren.

Bei der Frage nach dem Wie gerät diese Theorie jedoch ins Trudeln. Vielleicht wurde Kennedy auf der Party unter Drogen gesetzt oder unterwegs angehalten und betäubt. Dann brachte man ihn – bewusstlos – zurück in sein Hotelzimmer, was erklären würde, warum er den Unfall nicht meldete. In der Zwischenzeit betäubte die CIA Kopechne, brachte das Auto auf der Brücke in Stellung, klemmte das Gaspedal fest und schickte sie in ihr nasses Grab. Das Problem bei dieser Theorie ist jedoch Kennedy selbst: Wie hätte er am nächsten Morgen erzählen können, was in der Nacht passiert war?

Als Antwort bieten die Verschwörungstheoretiker eine Erpressung an. Angeblich hätte die CIA gedroht, seiner schwangeren Ehefrau zu erzählen, dass er eine Affäre mit Kopechne habe. Diese Erklärung ist jedoch ausgesprochen dürftig. Denn wäre Kennedy tatsächlich so einfach zu erpressen gewesen, hätte man sich nicht eine so aufwesndige Geschichte einfallen lassen müssen. Insgesamt scheint es also, dass die

einzige reale Verschwörung von Edward Kennedy selbst initiiert wurde – und zwar in dem verzweifelten Versuch, seine politische Karriere
zu retten.

Der Zwischenfall in Waco

In den letzten 20 Jahren gab es mehrere Ereignisse, welche die Vereinigten Staaten in ihren Grundfesten erschütterten und die bei vielen Amerikanern ein zynisches Misstrauen in ihre Regierung verankerten. Zu den bedeutsamsten dieser Ereignisse gehört ein Zwischenfall, der sich im Frühjahr 1993 auf dem Gelände der Davidianer-Sekte in Waco (Texas) abspielte. Mehr als 90 Menschen verloren ihr Leben, als die Regierung der USA einer kleinen religiösen Sekte offensichtlich den Krieg erklärte.

Bei dieser Sekte handelte es sich um die Davidianer, einen Ableger der Sieben-Tags-Adventisten. Sie hatten ihr Gemeindezentrum seit den 1930er-Jahren auf einem Gelände außerhalb von Waco, das sie Mount Carmel nannten. 1955 ging die Führung der Gruppe auf Benjamin Roden über, dem wiederum seine Frau Lois folgte.

1981 schloss sich der charismatische junge Vernon Howell der Gruppe an. Er stieg schnell auf, besonders nachdem er eine Affäre mit der viel älteren Lois begann. Das führte zu einem Machtkampf zwischen Howell und Lois' Sohn George. George Roden gewann den Kampf zunächst. Howell verließ die Gruppe und gründete 1984 eine eigene Splittergruppe. 1986 starb Lois, und George Roden übernahm

Explosionen erschüttern das Gelände der Davidianer-Sekte in Waco, Texas, als das FBI und das BATF mit ihrem Angriff beginnen.

für zwei Jahre die Leitung, bis Vernon Howell zurückkehrte und dem geistig immer labileren George die Führung entriss.

Vernon Howell begann nun, seine eigenen Vorstellungen durchzusetzen. Er erklärte sich selbst zu einer Art Messias und beschloss, dass er polygam sein dürfe. Man vermutet, dass er bis zu zwölf Frauen zu seinen Konkubinen gemacht hat. Einige davon waren die Ehefrauen anderer Mitglieder, und andere waren erst zwölf Jahre alt. Als Messias musste er sich natürlich auch nicht an die strengen Regeln in Bezug auf Essen und Alkohol halten. 1990 gab er sich selbst einen neuen, biblisch klingenden Namen: David Koresh. Seine Lehren wurden immer apokalyptischer, und er beschimpfte die Regierung der USA als Babylonier. Das Sektenzentrum wurde in Ranch Apocalypse umbenannt. Die Gruppe begann, genug Vorräte für ein Jahr sowie große Mengen an Waffen und Munition einzulagern. Der – völlig legale – Waffenhandel wurde zu einer wichtigen Einnahmequelle für sie.

Langsam, aber sicher machten die Handlungen der Davidianer ihre texanischen Nachbarn nervös. In den Zeitungen erschienen erste Berichte, dass Koresh des Kindesmissbrauchs beschuldigt wurde. Das Bureau of Alcohol, Tobacco and Firearms (BATF) begann, sich für die Gruppe zu interessieren. Als ein Postbote über eine Lieferung berichtete, die anscheinend Granaten enthalten hatte, intensivierte man die Untersuchung und stieß schließlich auf einige kleinere Verstöße gegen das Waffengesetz.

Anstatt darauf zu warten, dass Koresh – wie so häufig – wieder einmal in der Stadt auftauchte, beschloss das BATF, das Sektengelände zu stürmen. Die Aktion war für den 28. Februar 1993 geplant und sollte völlig überraschend sein, aber einige Nachrichtenteams hatten einen anonymen Hinweis erhalten. Außerdem hatte der BATF-Hubschrauber, der kurz zuvor über das Gelände geflogen war, die Bewohner gewarnt, dass etwas nicht stimmte.

Zum Rückzug gezwungen

Die BATF-Agenten näherten sich dem Gelände an diesem Sonntagmorgen in als Viehwagen getarnten Fahrzeugen. Die Davidianer fielen auf diesen Trick jedoch nicht herein, und die Situation geriet in kürzester Zeit völlig außer Kontrolle. Als die Agenten dem Gelände näher kamen, fielen Schüsse. Es ist bis heute nicht klar, wer nun zuerst gefeuert hat, denn beide Seiten schieben sich gegenseitig die Schuld zu. Es kam zu einem Feuergefecht. Am Schluss waren vier Bundesagenten und fünf Davidianer tot und viele weitere verletzt.

Das BATF wurde zum Rückzug gezwungen, denn man hatte die Feuerkraft und die Entschlossenheit der Sektenmitglieder völlig unterschätzt. Die ganze Razzia war ein Desaster, das noch dazu auf Film gebannt worden war, sodass die ganze Welt zusehen konnte. Nun konnte die Regierung natürlich erst recht nicht aufgeben, und so begann man mit der Belagerung des Geländes, wobei das FBI die Führung vom BATF übernahm.

Die Belagerung dauerte 51 Tage. In dieser Zeit schien das FBI zwei Taktiken anzuwenden: Unterhändler sprachen regelmäßig mit David Koresh, und am Anfang der Belagerung sicherte das FBI die Freilassung mehrerer Sektenmitglieder, vor allem Kinder, zu.

Ein großes Problem war jedoch, dass die Unterhändler, die an Geiselnahmen gewöhnt waren, sich dieses Mal vor eine völlig andere Situation gestellt sahen, denn die Menschen innerhalb der Anlage betrachteten sich selbst nicht als Geiseln. Sie waren entschlossen, bei ihrem Anführer zu bleiben, und es war völlig klar, dass Koresh nicht vorhatte, das Gelände in absehbarer Zeit zu verlassen. Das FBI begann, seine klassische Taktik anzuwenden: Zuerst wurde der Strom abgestellt, und anschließend wurde das gesamte Gelände mit riesigen Flutscheinwerfern taghell beleuchtet, damit die Bewohner nicht schlafen konnten.

Außerdem wurden sie mit extrem lauten Geräuschen, z. B. Sprechchören tibetanischer Mönche, Dudelsackmusik, Möwen, Hubschraubern, Zahnarztbohrern, Sirenen, sterbenden Hasen, Zügen und Liedern von Alice Cooper und Nancy Sinatra beschallt, um sie zu demoralisieren. Diese Taktik hatte sich einige Jahre zuvor bei General Noriega bewährt, aber die Davidianer waren aus anderem Holz geschnitzt. Langsam, aber sicher ging dem FBI die Geduld aus. Die Operation war unglaublich teuer, und die ganze Zeit über waren die

Augen der Welt auf sie gerichtet. Die geballte Macht der amerikanischen Regierung durfte nicht an einer Gruppe religiöser Fanatiker scheitern.

In Flammen

Der Plan für den endgültigen Angriff wurde von Justizministerin Janet Reno abgesegnet, und die Erstürmung des Geländes begann am Morgen des 19. April. Das FBI warnte die Bewohner, man werde Tränengas einsetzen. Die Männer näherten sich mit Panzerfahrzeugen, brachen Löcher in die Wände und warfen Tränengaskanister hinein. Aber immer noch weigerten sich die Davidianer zu gehen und feuerten auf die Fahrzeuge. Dann warfen sie das Telefon hinaus, um anzuzeigen, dass die Verhandlungen beendet waren. Gegen Mittag brach Feuer aus. Überall tobten die Flammen, und es waren gewaltige Explosionen zu hören. Schließlich taumelten neun Bewohner ins Freie. Eine Frau, deren Kleidung bereits brannte, versuchte, wieder zurückzugehen, aber sie wurde von FBI-Agenten aufgehalten und in Sicherheit gebracht.

Es war für die Feuerwehrleute zu gefährlich, sich den Flammen zu nähern. Selbst als alles fast niedergebrannt war, wurde ein Soldat erschossen, der auf das Gelände zuging. Schließlich war die ganze Anlage zerstört, und das FBI konnte sich endlich ein Bild vom Ausmaß der Schäden machen. Man fand 80 Leichen in den Trümmern – 23 davon waren Kinder (Koresh war der Vater von 14 dieser Kinder). David Koresh selbst wurde anhand von Zahnabdrücken identifiziert. Er hatte einen Kopfschuss erhalten.

Bei dieser Operation war alles schief gegangen, was schief gehen konnte. Das FBI betonte immer wieder, dass die Davidianer selbst das Feuer gelegt und dann kollektiven Selbstmord begangen hätten, aber es war nur eine Frage der Zeit, bis die ersten Verschwörungstheorien auftauchten.

Vorsätzlicher Mord?

Alle Verschwörungstheoretiker sagen im Grunde das Gleiche: Das FBI habe die Davidianer vorsätzlich getötet. Anfangs gab es kaum Beweise dafür, aber die verbissenen Nachforschungen eines rechtsgerichteten Eigenbrötlers, Michael McNulty, warfen peinliche Fragen auf. Er brachte zwei erfolgreiche Filme heraus: *Waco: The Rules Of Engagement*, für den er sogar einen Oscar bekam, und drei Jahre später *Waco: A New Revelation*.

McNulty stellte zwei Anschuldigungen auf. Die erste war, dass das FBI das Feuer gelegt habe. Nach dem Vorfall hatte das FBI immer darauf beharrt, keine entflammbaren Substanzen eingesetzt zu haben. McNulty enthüllte jedoch, dass man brennbares Tränengas verwendet hatte. Das FBI war gezwungen, seine ursprüngliche Aussage 1999 zurückzuziehen. Außerdem untersuchte McNulty Filmaufnahmen, die mit Infrarotkameras gemacht worden waren. Darauf sind hinter den Gebäuden Lichtblitze zu sehen. Er behauptete, dass es sich um Mündungsfeuer handele – Beweise dafür, dass das FBI auf jeden geschossen habe, der versucht hatte, das Gelände zu verlassen.

Einige von McNultys Anschuldigungen wurden durch weniger dokumentarische „Beweise" unterstützt. So soll etwa die Delta Force der Armee (eine Spezialeinheit) an dem Angriff beteiligt gewesen sein. Außerdem soll mit Granatwerfern auf die Küche der Sekte gefeuert worden sein, was zu dem Feuer geführt haben könnte. Und zu guter Letzt soll auf dem Dach des Bunkers noch eine Sprengladung angebracht und dann per Fernsteuerung gezündet worden sein.

Wie reagierte das FBI auf die Beschuldigungen? Die Explosion im Bunker schob man auf das Waffenlager der Sekte. Der Einsatz von Granatwerfern und die Beteiligung der Spezialeinheit (die bestätigtermaßen vor Ort war) wurden abgestritten. Die Lichtblitze schob man auf Reflexionen des Sonnenlichts, und Experten wiesen darauf hin, dass eine Waffe von einem Menschen geführt werden müsste, der auf Infrarotfilmen ebenfalls zu sehen wäre. Zu den brennbaren CS-Gasdosen sagte das FBI nur, dass sie vier Stunden vor dem Feuer abgeschossen worden seien. Das wurde von einer Untersuchungskommission, dem Kongress, dem Gericht und einem Sonderberater bestätigt, die sich im Jahr 2000 darüber einig waren, dass das FBI das Feuer nicht ausgelöst hatte. Außerdem enthüllte das FBI, dass man auf dem Gelände Abhörgeräte verteilt hatte, durch die man hören konnte, wie die Sektenmitglieder selbst brennbare Flüssigkeiten ausgossen und sich darauf vorbereiteten, sie anzuzünden.

Tragische Konsequenzen

All das beruhigte die Verschwörungstheoretiker natürlich keineswegs. Sie wiesen – wie viele andere Amerikaner – darauf hin, dass es sich nur um einen kleinen religiösen Kult handelte, der von Truppen der Regierung seines eigenen Landes umgeben war und trotzdem in Flammen aufging. Die umfangreichen Fernsehaufnahmen aus Waco beeindruckten viele und sorgten für einen regen Zulauf bei den rechtsgerichteten Milizen.

Der Vorfall sollte noch weitere tragische Früchte tragen, als ein junger Mann, Timothy McVeigh, beschloss, sich an der Regierung zu rächen. Auf den Tag genau zwei Jahre nach Waco sprengte er ein Regierungsgebäude in Oklahoma City in die Luft.

Könnte an den Verschwörungstheorien etwas dran sein? War das Drama von Waco ein Komplott der Regierung gegen die eigenen Bürger? Es ist unwahrscheinlich, denn welches Interesse hätte die amerikanische Regierung daran haben sollen, eine obskure kleine Sekte zu zerschlagen? Es sieht eher so aus, als sei die ganze Sache katastrophal gehandhabt worden. Und das hatte fatale Folgen, sowohl kurz- als auch langfristig.

Bewusstseinskontrolle: MKULTRA

Eine der bizarrsten und erschreckendsten Komplotte war das Projekt MKULTRA. Es war der geheime Name für eine Reihe von CIA-Experimenten, die in den 1950er- bis 1970er-Jahren durchgeführt wurden. Dabei sollten die Möglichkeiten der Bewusstseinskontrolle durch Drogen wie Meskalin oder LSD getestet werden. Man gab den Testpersonen bewusstseinsverändernde Drogen – oftmals ohne ihr Wissen – und studierte dann ihr Verhalten.

In einigen Fällen führten die Tests zum Tod der Versuchspersonen, bei vielen kam es zu bleibenden psychischen Störungen. Die CIA ließ das Experiment jedoch weiterlaufen, bis die Geschichte schließlich aufgedeckt wurde. Letztendlich konnte man durch MKULTRA nur sehr wenige Informationen über Bewusstseinskontrolle sammeln. Die Experimente erschienen im Nachhinein eher als purer Sadimus, nicht als ernsthafte wissenschaftliche Studien.

Wahrheitsdrogen

MKULTRA wurde 1953 vom damaligen CIA-Direktor Allen Dulles eingerichtet, um Techniken zur Bewusstseinskontrolle zu testen. Das Projekt stand unter der Leitung von Dr. Sidney Gottleib und war anfangs darauf angelegt, „Wahrheitsdrogen" zum Verhören russischer Spione zu finden. Es umfasste über 100 Untersuchungsreihen, von denen viele geheim waren. Als Testpersonen dienten Armeeangehörige und Angestellte der CIA – ohne deren Wissen oder Zustimmung.

Anfangs konzentrierte man sich auf die Auswirkung radioaktiver Strahlung auf das menschliche Bewusstsein, aber schließlich wandte man sich immer mehr den Auswirkungen sogenannter psychotroper Drogen, vor allem LSDs, zu. Als man die Programme ausdehnte, begann man auch, Personen außerhalb der Armee oder CIA zu rekrutieren. Patienten mit Geisteskrankheiten (viele davon nur mit unbedeutenden Störungen wie leichten Depressionen oder Angststörungen), Prostituierte und andere wurden gern als Versuchskaninchen missbraucht. Ein nicht zu leugnendes Element der Folter begann sich durch die Experimente zu ziehen, als die Menschen nach Verabreichung der Drogen in Zwangsjacken gesteckt wurden. Man brachte sie in Räume, wo sie nichts sehen und hören konnten, oder man spielte stundenlang die gleichen Kassetten ab, um sie in den Wahnsinn zu treiben. Gottleib ordnete an, Versuchspersonen gewaltige Mengen an LSD zu verabreichen. Bei einem Experiment gab man Freiwilligen die Droge über zwei Monate hinweg durchgehend. Viele von ihnen erlitten irreparable geistige Schäden.

Operation Midnight Climax

Im Lauf der Zeit wurden die Versuche zunehmend bizarrer und unangenehmer. Wissenschaftliche Ergebnisse brachten sie dagegen kaum. Einer der obskursten Versuche war die sogenannte Operation Midnight Climax. Dazu rekrutierte Dr. George Hunter Prostituierte aus San Francisco. Sie sollten ihren Kunden heimlich LSD in die Getränke geben. Die CIA-Agenten beobachteten ihr Verhalten dann durch Fensterspiegel.

Das Experiment erbrachte keinerlei Erkenntnisse, denn die Agenten waren keine ausgebildeten Wissenschaftler. Man kann nur vermuten, dass es zur Befriedigung der Bedürfnisse derjenigen diente, die sich den „Versuch" ausgedacht hatten. Trotzdem dauerte es noch ein Jahrzehnt, bis das Programm eingestellt wurde.

Später wurde enthüllt, dass auch Gottleibs Verhalten als Leiter der Forschungsgruppe äußerst fragwürdig gewesen war. Es war bekannt, dass er selbst große Mengen LSD konsumierte. Er schien von dieser Droge geradezu besessen zu sein, obwohl inzwischen klar war, dass sie keinen Wert für die Bewusstseinskontrolle hatte. Testpersonen, die unter dem Einfluss der Droge standen, verhielten sich vollkommen irrational und waren schwieriger zu verhören als ohne die Droge.

Gefährliche Behandlungen

Unbeeindruckt davon, dass LSD für die Zwecke des Projekts eigentlich völlig nutzlos war, begann das MKULTRA-Team, immer gefährlichere Experimente an wehrlosen Opfern durchzuführen. In einigen Fällen verabreichte man ihnen eine Infusion mit einer Mischung aus Amphetaminen und Barbituraten, was zu extremer geistiger Verwirrung und manchmal sogar zum Tod führte. Zusätzlich experimentierte man mit weiteren Drogen wie Heroin, Meskalin, Marijuana und auch mit Alkohol.

Die schlimmsten Misshandlungen fanden unter der Leitung von Dr. Ewan Cameron in Kanada statt. Cameron hatte eine Theorie, nach der man das Bewusstsein eines Menschen ausradieren und dann durch Drogen und andere Therapien „korrigieren" konnte. Er führte seine Experimente in Montreal fast ein Jahrzehnt lang durch und wandte dabei Elektroschocktherapie und Drogen an, die weit über das normale Maß hinaus verabreicht wurden. Er versetzte seine Versuchspersonen ins Koma – manchmal für mehrere Monate – und spielte dabei Kassetten in Endlosschleifen ab, um so ihr Denken zu korrigieren. Es verwundert nicht, dass viele seiner „Patienten" schwerste psychische Schäden davontrugen.

Aufgeflogen

Erst 1974, als in der *New York Times* ein Artikel über die Menschenversuche zur Bewusstseinskontrolle bei der CIA erschien, wurde die Öffentlichkeit aufmerksam. Kommissionen wurden eingesetzt, um die Anschuldigungen zu untersuchen, aber sie konnten nur feststellen, dass sich ein Großteil der Beweise in Luft aufgelöst hatte. Viele MKULTRA-Dokumente waren vernichtet worden, um zu verhindern, dass die Wahrheit bekannt wurde. Trotzdem gab es noch genug Informationen über das Ausmaß des Projekts. Über 30 Universitäten und wissenschaftliche Einrichtungen waren in den Skandal verwickelt, der größte Teil der Testpersonen wusste nichts davon, dass man ihnen Drogen gab. Am schlimmsten war jedoch, dass die Experimente aus wissenschaftlicher Sicht vollkommen sinnlos waren.

Außerdem wurde aufgedeckt, dass der Armeewissenschaftler Frank Olsen ohne sein Wissen LSD bekommen hatte und später aus einem Fenster in den Tod gesprungen war. Seine Familie behauptete, er sei ermordet worden, weil er zu viel über die schändlichen Aktivitäten der CIA gewusst habe. Weitere Berichte bewiesen, dass der Tennis-Profi Harold Blauer an einer Überdosis Meskalin gestorben war, die man ihm ohne sein Wissen verabreicht hatte.

Aufgrund dieser Enthüllungen folgte eine Untersuchung bei der US-Armee, in deren Verlauf man auf weitere schockierende Fälle stieß. Daraufhin wurde ein Gesetz erlassen, das solche Experimente zukünftig verhindern sollte. Die Opfer und ihre Familien erhielten Entschädigungen. Aber nichtsdestotrotz bleibt das MKULTRA-Projekt eine der übelsten Verschwörungen, die jemals in den USA oder anderswo auf der Erde aufgedeckt wurden.

Kapitel 5

Geheimnisvolle Morde

Von Agatha Christies eleganten Verbrechern bis zu den etwas drastischeren Kriminalromanen des 21. Jahrhunderts – Millionen Menschen überall auf der Welt machen es sich am liebsten mit einem spannenden Krimi gemütlich. Wenn es darin auch noch um Prominente, Sex und Politik geht und der Mord vielleicht sogar wirklich geschehen ist, lesen wir umso begeisterter weiter!

Wer erschoss JFK?

Der Mord an Präsident John F. Kennedy am 22. November 1963 warf mehr Verschwörungstheorien auf als jedes andere Verbrechen in der Geschichte. Zum Teil liegt es sicher daran, dass die Tat so schockierend war. Wie wir alle wissen, wurde der Präsident am helllichten Tag vor den Augen der Öffentlichkeit erschossen, während er mit seiner Frau im offenen Wagen durch Dallas (Texas) fuhr. Es liegt aber auch daran, dass die Warren-Kommission, die nur eine Woche nach dem Attentat eingesetzt wurde und deren Aufgabe es war, die Ereignisse genau zu durchleuchten, niemals die vielen eigenartigen Aspekte dieses Mordes aufklären konnte. Die Kommission kam zu dem Schluss, dass ein einzelner Schütze, Lee Harvey Oswald, drei Schüsse auf den Präsidenten abgefeuert hatte. Die erste Kugel verfehlte den Autokorso. Die zweite verletzte sowohl Kennedy als auch den Gouverneur von Texas, John B. Connally, der sich ebenfalls in der Limousine befand. Die dritte traf Kennedy in den Kopf und tötete ihn.

Die berühmtesten Theorien rund um den Mord wurden als „Theorie des einzelnen Schützen" und „Theorie der magischen Kugel" (weil es schwer zu glauben ist, dass ein Kugel zwei Menschen verletzen kann) bekannt. Im Lauf der Zeit wurden beide als höchst unwahrscheinlich abgetan – nicht nur von Experten, sondern auch von einem

Großteil der Amerikaner, die zu verschiedenen Gelegenheiten immer wieder zu diesem Thema befragt wurden.

Um die Verwirrung komplett zu machen, wurde Oswald am 24. November 1963 von Nachtklubbesitzer Jack Ruby erschossen, während er sich in Polizeigewahrsam befand. Wieder wurde der Mord in der Öffentlichkeit ausgeführt, und wieder folgte eine ganze Reihe von Spekulationen. Wie konnte Ruby die Sicherheitsbeamten, die Oswald umgaben, so leicht überwinden? Wurde Oswald schnell hingerichtet, damit er nicht vor Gericht gestellt werden konnte, wo er eventuell Beweise gegen hochrangige Mitglieder der Gesellschaft hätte vorbringen können? Und was war mit Rubys Verbindungen zum organisierten Verbrechen? Hatte die Mafia etwas mit der Ermordung Kennedys zu tun? Ruby schwor, dass er auf eigene Faust aus Rache gehandelt habe, aber viele glaubten ihm bis zu seinem Tod am 3. Januar 1967 nicht.

Der Grashügel

Die Gerüchte um die Ermordung Kennedys hielten sich hartnäckig, bis die Ermittlungen 1976 noch einmal aufgenommen wurden. Dieses Mal wurde ein Sonderausschuss einberufen, der zu dem Ergebnis kam, dass es zwei Schützen waren, nicht einer, und dass vier Schüsse abgefeuert worden waren: drei von Oswald und einer von einem unbekannten Schützen, der sich auf einem kleinen Grashügel versteckt hatte. Viele zum Teil sehr widersprüchliche Zeugenaussagen wurden aufgenommen. Außerdem gab es auch Beweise in Form von Fotos sowie Film- und Tonaufnahmen. Letztendlich war auch ihr Bericht nicht schlüssig. Sie wiesen nur darauf hin, dass ein Komplott durchaus möglich sei, wenn man davon ausgehe, dass es zwei Schützen gab (eine Theorie, die auf Tonaufnahmen der abgefeuerten Schüsse basierte).

Die berühmteste Verschwörung aller Zeiten: Präsident John F. Kennedy und
seine Frau Jackie in der Limousine, mit der Kennedy auf der Dealey Plaza in
den Tod fahren sollte.

Ein falsches Spiel?

Nach dem Attentat kamen viele beunruhigende Fakten ans Tageslicht.
So wurde z. B. die Limousine, in welcher der Präsident gefahren war,
unmittelbar nach der Tat weggebracht und gereinigt, anstatt sie für
kriminaltechnische Untersuchungen und so, wie sie war, sicherzustel-
len. Dem texanischen Gesetz nach hätte Kennedys Leichnam von ört-
lichen Gerichtsmedizinern untersucht werden müssen, aber er wurde
sofort nach Washington geflogen. Der Anschlagsort, Dealey Plaza,
hätte von der Polizei weiträumig abgesperrt werden müssen; ebenso das Schulbuchlager, in dem Oswald gearbeitet hatte. Nichts davon
geschah jedoch, weshalb es gut möglich ist, dass wichtige Hinweise

auf das tatsächliche Geschehen vernichtet wurden. Später wurde auch noch bekannt, dass Beweisstücke fehlten, z. B. der Hut, den Gouverneur Connally in der Hand hielt, als man auf ihn schoss, und seine Manschettenknöpfe. Wirklich schockierend war jedoch, dass auch die Fotos von Kennedys Autopsie verschwanden.

Viel davon kann man auf die Inkompetenz der Untersuchungsbehörden schieben, aber an dem Attentat waren so viele Dinge eigenartig, dass eine ganze Reihe von Verschwörungstheorien entstand, die „erklären", was tatsächlich geschehen war. Einige davon – etwa die Idee, dass Kennedy seinen Selbstmord selbst inszenierte – kann man nicht ernst nehmen. Andere, wie die Theorie, dass rechtsgerichtete Elemente der amerikanischen Gesellschaft Kennedy loswerden wollten und deshalb das Attentat arrangierten, sind nicht ganz von der Hand zu weisen.

Der Rivale schlägt zu

Eine der plausibelsten Theorien zu Kennedys Tod dreht sich um seine Rolle in der Politik. Zu dieser Zeit bestand ein eher unbehaglicher Waffenstillstand im Kalten Krieg zwischen den USA und der Sowjetunion. Viele waren der Ansicht, dass dies zur Erhaltung des Status quo und der Verhinderung eines Atomkrieges unerlässlich sei. Manche sahen Kennedy als Unsicherheitsfaktor an, als idealistischen jungen Präsidenten, dem sie nicht zutrauten, der sowjetischen Aggression die Stirn zu bieten. Die Kubakrise, durch welche die USA und die Sowjetunion an den Rand eines Atomkriegs geraten waren, hatte gezeigt, wie wichtig es war, zwischen den beiden Seiten ein Gleichgewicht aufrechtzuerhalten – und was die Konsequenzen jeder Veränderung des aktuellen Zustandes sein könnten.

Die amerikanische Außenpolitik war in dieser Zeit darauf ausgerichtet, ihre „antikommunistische" Mitwirkung in Vietnam auszuweiten – was sich später als schrecklicher Fehler herausstellen sollte. Kennedy hatte erste Anzeichen erkennen lassen, dass er geneigt war, sich aus dem Konflikt herauszuhalten, indem er die amerikanischen Truppen abzog. Außerdem machte er sich Gedanken über den Verlust von Menschenleben, der unweigerlich darauf folgen würde. Dadurch wurde Kennedy für viele auf der politischen Bühne zur Last. Sein Vizepräsident Lyndon B. Johnson schien dagegen die bessere Wahl zu sein. Er war älter, pragmatischer und offensichtlich gegen die liberalen Strömungen gefeit, die in den 1960er-Jahren die amerikanische Gesellschaft durchzogen.

Nachdem Johnson vereidigt worden war, schickte er die Truppen zurück nach Vietnam und verstärkte die antikommunistische Propaganda in den USA. Diese rasanten Änderungen der Innen- und Außenpolitik waren für viele Menschen eine Bestätigung, dass die Politik auch hinter dem Attentat steckte. Oswald hielt man für einen Lockvogel – einen Kommunisten, der für den Mord an Kennedy angeheuert worden war, damit Johnson das Präsidentenamt übernehmen konnte. Inwieweit Johnson direkt in die Sache verwickelt war, konnte nie geklärt werden, aber einige waren der Ansicht, dass er den Mord selbst angeordnet hatte. Unterstützt wurde das Ganze durch die Tatsache, dass Kennedy kurz vor seinem Tod darüber nachgedacht hatte, Johnson seines Amtes zu entheben. Der Vizepräsident war nämlich in vier kriminaltechnische Ermittlungen verwickelt (die alle fallen gelassen wurden, nachdem er Präsident geworden war). Johnson hatte also mehr als genug Motive, das Attentat anzuordnen, so schien es.

Mafia-Wahnsinn

Eine weitere Theorie lautet, dass Kennedy von der Mafia ermordet wurde. Er hatte es sich zum Ziel gemacht, hart gegen das organisierte Verbrechen vorzugehen. Hochrangige Mitglieder der Mafia wurden wegen illegaler Aktivitäten wie Glücksspiel, Zuhälterei und Drogenschmuggel vor Gericht gestellt. Damit stieß er die Mafiapaten vor den Kopf, denn diese hatten Organisationen mit Verbindungen zur Mafia, z. B. die Gewerkschaften, dazu angehalten, die Wahl Kennedys zu unterstützen. Da sich die Paten den Schutz des Präsidenten erhofft hatten, sobald Kennedy im Amt war, betrachteten sie seinen Kampf gegen das organisierte Verbrechen als schändlichen Verrat und ließen ihn aus Rache erschießen. Interessant ist dabei, dass Jack Ruby, der Oswald erschoss, als junger Mann für Al Capone gearbeitet hatte und nach wie vor gute Beziehungen zur Mafia unterhielt.

Nach dieser Theorie wurde Oswald angeheuert, damit es so aussah, als hätte ein Kommunist den Präsidenten ermordet. Dann wurde Oswald von Ruby erschossen, der sich als braver Bürger ausgab. So konnte Oswald nicht vor Gericht aussagen, und es konnte nicht ans Licht kommen, dass die Mafia den Mord an einem der beliebtesten amerikanischen Präsidenten angeordnet hatte. Nach dem Tod Kennedys sanken die Ermittlungen gegen die Mafia wieder auf ein Normalmaß.

Eine CIA-Intrige?

Nicht nur die Mafia, sondern auch die CIA hätte einen guten Grund gehabt, Kennedy loszuwerden. Kaum im Amt, weigerte sich Kennedy, die Invasion in der Schweinebucht zu unterstützen, die Teil eines CIA-

Plans zum Sturz des kubanischen Diktators Fidel Castro war. Damit zog er sich den Zorn der Agency zu. Kennedy entließ CIA-Direktor Alan Dulles, und es gab ständige Zusammenstöße zwischen dem Präsidenten und der CIA, vor allem nach der fehlgeschlagenen Invasion auf Kuba.

Die CIA arbeitete eng mit der Mafia zusammen, beide Organisationen hielten einen Sturz Castros damals für förderlich. Das Motiv der CIA war, den kommunistischen Nachbarn loszuwerden. Die Mafia wollte die Kontrolle über das organisierte Verbrechen auf der Insel zurückgewinnen, die sie verloren hatten, als Castro an die Macht gekommen war. Hochrangige Mafiamitglieder planten mithilfe der CIA die Ermordung des Diktators. Kennedys Weigerung, sich ihrer Sache anzuschließen, war daher ein Ärgernis für die CIA und die Mafia gleichermaßen.

Der FBI-Boss

Auch FBI-Chef J. Edgar Hoover wurde verdächtigt, Kennedys Ermordung geplant zu haben. Zwischen Hoover und dem Clan der Kennedys herrschte große Abneigung. Hoover und Johnson waren dagegen die besten Freunde. Hoover näherte sich dem Pensionsalter, und er wusste, dass Kennedy ihn in Rente schicken, Johnson dagegen an ihm festhalten würde. Tatsächlich bestätigte Präsident Johnson Hoover in seinem Amt – „auf Lebenszeit".

Weitere Verdächtige

Es gibt auch noch viele andere Theorien zu Kennedys Ermordung, die eine Vielzahl von „Verdächtigen" umfassen. Einige dieser Theorien sind simpel, andere unglaublich verworren. Auf der einen Seite gibt es die sogenannten Wirtschaftstheorien. So glaubt man z. B., dass die Ölbarone den Präsidenten tot sehen wollten, weil er die Steuern auf Erdöl geändert hatte, wodurch sie riesige Profite verloren. Andere glaubten wiederum, dass die US-Notenbank sehr besorgt über die Pläne des Präsidenten war, die Geldfälschung zu stoppen, indem die Währung durch Edelmetall abgesichert wurde.

Dann gab es noch die Thesen über einen politischen Hintergrund. Castro stecke dahinter, hieß es, aus Rache für die ständigen Attentatsversuche der USA. Oder vielleicht waren es ja auch die Anhänger des südvietnamesischen Präsidenten Ngo Dinh Diem, die das Attentat aus Rache für seinen Tod planten, der durch ein Komplott der USA gegen ihn zustande gekommen war. Oder war Kennedy womöglich eine Marionette der Sowjetunion, die sich am Ende gegen ihn gewandt hatte?

Die nun folgenden Theorien sind in den Augen der meisten Menschen noch unwahrscheinlicher: Da heißt es etwa, dass Kennedy ermordet wurde, um die Ehre seiner Frau Jacqueline wiederherzustellen, die er oft betrogen hatte. Wieder andere behaupten, dass Aristoteles Onassis zusammen mit seinen Freunden von den Illuminaten das Attentat geplant habe. Und dann gibt es noch diejenigen, die glauben, dass Kennedy gar nicht tot ist. Sie sind der Ansicht, dass alles nur inszeniert war. Allerdings hätte dann vor der Autopsie noch die Leiche ausgetauscht werden müssen ...

Aber was auch immer die Wahrheit ist: Viele Menschen halten die ursprünglichen Ergebnisse der Warren-Kommission für fragwürdig. Sie glauben, dass innerhalb der politischen Gesellschaft und auch in anderen Kreisen großer Druck herrschte, einen Präsidenten loszuwerden, der den Status quo erschüttern wollte. Vielleicht handelte der noch unerfahrene Kennedy tatsächlich impulsiv und gedankenlos, wie viele seiner Kritiker behaupteten, aber vielleicht hatte er auch das echte Bedürfnis, sein Land von der Atmosphäre des Misstrauens und der Angst zu befreien, die sich als Ergebnis des Kalten Krieges sowohl in der Innen- als auch in der Außenpolitik eingestellt hatte.

Für viele war Kennedys Tod eine geradezu persönliche Tragödie. Trotz seiner privaten Fehltritte war er ein Symbol der Hoffnung auf eine bessere, friedlichere Welt. Am Tag seiner Ermordung zogen Hunderte US-Soldaten auf seinen ausdrücklichen Befehl hin aus Vietnam ab. Hätte er seine Pläne vollenden können, wäre den USA und Vietnam vielleicht einer der hässlichsten Kriege der Neuzeit erspart geblieben. Kein Wunder also, dass bis heute immer noch die Frage gestellt wird: Wer erschoss John F. Kennedy?

Marilyn Monroe: Selbstmord oder Mord?

Anfangs sah alles ganz eindeutig aus: Eine berühmte Schauspielerin, deren Karriere sich im Niedergang befand, starb an einer Überdosis. Sie hatte ein überaus turbulentes Liebesleben geführt und auch schon mehrere Selbstmordversuche unternommen. Ein trauriges, aber allzu bekanntes Ende einer Prominenten. Zu diesem Schluss kam zumindest der Gerichtsmediziner.

Ein ganz einfacher Fall? Nicht wirklich. Von Anfangs an gab es Zweifel. Als man Monroes Leichnam fand, stand nirgendwo ein Glas Wasser, das sie doch wohl gebraucht hätte, um die Schlaftabletten zu schlucken. Und warum sah ihr Leichnam aus, als hätte man ihn hindrapiert, was für Drogenopfer nicht gerade typisch war? Warum dauerte es so lange, bis Polizei und Krankenwagen gerufen wurden? Hatte das vielleicht etwas mit den Telefongesprächen zu tun, die sie am letzten Abend ihres Lebens geführt hat, inklusive des Gesprächs mit dem Schauspieler und Kennedy-Freund Peter Lawford? Und stimmt es, dass Robert Kennedy, der jüngere Bruder des Präsidenten, dabei beobachtet wurde, wie er in dieser Nacht von ihrem Haus wegfuhr?

Monroes Affären

Es gab viele Gerüchte darüber, was in Marilyn Monroes Leben vor sich ging, bevor sie starb, und bald tauchten auch miteinander konkurrierende Verschwörungstheorien auf. Die meisten davon drehten sich um ihre Beziehung zum Präsidenten. Danach hatte Marilyn Monroe eine Affäre mit John F. Kennedy und hatte gedroht, damit an die Öffentlichkeit zu gehen, was Kennedys politische Karriere beendet hätte. Unter diesen Umständen hätte der Präsident wirklich gute Gründe gehabt, sie umbringen zu lassen.

Niemand behauptete zwar, dass Kennedy Marilyn Monroe mit seinen eigenen Händen umgebracht habe, aber deshalb war es umso wichtiger, den mutmaßlichen Mörder zu finden. Einige nannten den jüngeren Bruder des Präsidenten, Robert Kennedy. Verschiedene Zeugen wollen gesehen haben, wie er Marilyn am Mordabend besuchte. Könnte es sein, dass er versucht hatte, sich für seinen Bruder einzusetzen, und dass er sie, als sie sich weigerte, ihr Schweigen beizubehalten, umbrachte?

Auch in einer weiteren These wird behauptet, dass Robert Kennedy Monroe ermordete, aber aus persönlichen Gründen: weil er selbst eine Affäre mit ihr hatte. Für diese Theorie gibt es jedoch keine Beweise.

Und selbst wenn die beiden ein Paar gewesen wären, hätte Robert nicht sehr viel zu verlieren gehabt, wenn Marilyn an die Öffentlichkeit gegangen wäre.

Die Mafia

Als Nächstes wurde vorgeschlagen, dass der Mörder ein Handlanger des Gangsters Sam Giancana war. Nach dieser Theorie hatte sich

Kennedy in seiner vertrackten Situation an seinen Freund, den Mafiaboss Giancana, gewandt. Dieser stimmte zu, Monroe beseitigen zu lassen. Im Gegenzug sollte Kennedy die Mafia bei einigen Projekten, die ihr besonders wichtig waren, z. B. dem Sturz Fidel Castros, unterstützen.

Aber auch hier kamen wieder neue Gerüchte auf, dass Giancana Monroe aus eigenen Gründen zum Schweigen brachte – natürlich weil er selbst eine Affäre mit ihr hatte. Viele Zweifler haben jedoch darauf hingewiesen, dass es nur das Image des Gangsterbosses gestärkt hätte, wenn eine mögliche Affäre mit Marilyn Monroe bekannt geworden wäre.

Seit Marilyn Monroes Tod wurde den meisten der Verschwörungstheorien mit Skepsis begegnet. Die meisten Menschen können oder wollen nicht glauben, dass der Präsident der Vereinigten Staaten oder sein Bruder eine legendäre Schauspielerin ermordet hätte, nur um seinen Ruf zu schützen. Trotzdem umgeben Monroes Tod – wie auch das Attentat auf Kennendy – viele Ungereimtheiten. Viele Fragen warten immer noch auf eine Antwort. Angesehene Monroe-Biografen wie Anthony Summers und Donald Spoto halten sich meistens an einen Mittelweg. Sie sagen, dass der Tod Marilyn Monroes weder vorsätzlicher Mord noch einfacher Selbstmord war, sondern etwas viel Komplexeres, dessen Hintergründe wir noch nicht kennen.

War es ein Unfall?

Es kann sein, dass Marilyn Monroes Tod die Folge einer versehentlichen Überdosis war. Sie nahm zu diesem Zeitpunkt eine ganze Menge verschreibungspflichtiger Medikamente, die sie sich am liebsten mit einem Klistier verabreichte. Es ist möglich, dass sie auf diese Weise die tödliche Überdosis – vielleicht verabreicht durch ihre Haushälterin Eunice Murray – erhielt. Das würde zumindestens erklären, warum sich nach ihrem Tod kaum Spuren von Medikamenten in ihrem Blut befanden. Es ist jedoch höchst unwahrscheinlich, dass jemand sie auf diese Art vorsätzlich umgebracht hätte.

Am wahrscheinlichsten ist die Theorie, dass Monroe tatsächlich eine Affäre mit dem Präsidenten hatte. Als er diese Affäre beendete, war sie am Boden zerstört und beging Selbstmord. Derjenige, der ihre Leiche fand – ob es nun Robert Kennedy oder die Haushälterin war –, geriet in Panik, begann erst einmal aufzuräumen und schob den Anruf bei der Polizei hinaus. Somit wäre es kein Mord, sondern ein Skandal und eine Vertuschung.

Der Tod Marilyn Monroes ist einer dieser Fälle, die vermutlich niemals wirklich aufgeklärt werden. War es Selbstmord oder Mord? Am besten, Sie bilden sich dazu Ihre eigene Meinung.

Das Attentat auf Malcolm X

Zum Zeitpunkt seines Todes am 21. Februar 1965 war Malcolm X einer der zwei führenden schwarzen Politiker in den USA. Der andere – Martin Luther King – wurde ein paar Jahre später ebenfalls ermordet. Martin Luther King war überaus beliebt. Er war ein Mann des Glaubens, der sich dem gewaltlosen Wandel verschrieben hatte. Malcolm X hingegen galt als viel gefährlicher. Weiße Liberale feierten Martin Luther King als Anführer der Bürgerrechtsbewegung. Malcolm X begegnete man dagegen mit Skepsis, denn er war der Sprecher der „Nation of Islam", die allgemein eher als „schwarze Moslems" bekannt waren. Diese Gruppe war den Weißen gegenüber offen feindselig eingestellt, und ihre Mitglieder dachten eher nicht daran, auch die andere Wange hinzuhalten.

In den frühen 1960er-Jahren wurde Malcolm, der seine Karriere als Kleinkrimineller begann und im Gefängnis zur Nation of Islam fand, zu einer beliebten Hassfigur in den Medien. Für seine anti-weißen Aussagen wurde er regelmäßig verteufelt. In seinem letzten Lebensjahr begann er, mehr zu reisen, vor allem nach Afrika. Nachdem er in Südafrika Anti-Apartheidsaktivisten kennengelernt hatte, erkannte er, dass Schwarze und Weiße durchaus zusammenarbeiten können, um eine Veränderung in der politischen Landschaft zu erreichen. Aufgrund dieser Erkenntnis trennte er sich von der Nation of Islam und gründete im Sommer 1964 seine eigene Gruppe, die „Organisation für die afroamerikanische Einheit" (Organization of Afro-American Unity).

Kurz nach der Gründung reiste er noch einmal für mehrere Monate nach Afrika und kehrte schließlich im November 1964 in die USA zurück. In Afrika hatte er sich die ganze Zeit darüber beschwert, dass er von CIA-Agenten verfolgt werde. In Kairo erkrankte er dann ernsthaft – möglicherweise hatte man sein Essen vergiftet. Als er in die Staaten zurückkehrte, wurden die Dinge auch nicht besser. Im Laufe der nächsten Monate entbrannte ein Streit zwischen Malcolm und der Nation of Islam, er erhielt sogar einige Morddrohungen.

Die Brandbombe

Eine Woche vor seinem Tod war Malcolms Haus in Queens das Ziel einer Brandbombe. Damals wurde vermutete, dass die Nation of Islam dahinterstecke. Am nächsten Tag hielt Malcolm X eine Rede im Audubon Ballroom in Harlem. Während er sprach, kam es im Publikum zu einem Handgemenge. Sechs Tage später kehrte er noch einmal ins Audubon zurück, aber alle anderen Redner hatten seltsamerweise ihre Auftritte abgesagt. Während er darauf wartete, dass er an der Reihe war, erzählte er Freunden hinter der Bühne, dass er sich nicht sicher sei, ob die Nation of Islam für den Brandanschlag auf sein Haus verantwortlich sei. Dann ging er auf die Bühne und begann seine Ansprache.

Gegen 15.05 Uhr gab es einen Zwischenfall im 400-köpfigen Publikum. Ein Mann rief: „Nimm deine Hand aus meiner Tasche! Lass die

Finger von meinen Taschen!" Dann explodierte im hinteren Teil des Saals eine Rauchbombe und stiftete heillose Verwirrung.

Malcolms Leibwächter traten vor, um die Menge zu beruhigen. Gleichzeitig trat ein Schwarzer an die Bühne und schoss Malcolm X aus nächster Nähe mit einer abgesägten Schrotflinte in die Brust. Zwei weitere Männer stürmten auf die Bühne zu und feuerten mit Pistolen auf Malcolm. Anschließend versuchten die drei Attentäter zu fliehen, aber die aufgebrachte Menge konnte einen der beiden Pistolenschützen, Talmadge Hayer, überwältigen. Malcolms Leibwächter Gene Roberts, ein getarnter Zivilpolizist, versuchte erfolglos, ihn wie-

Malcolm X kehrt am 14. Februar 1965 nach dem Brandanschlag auf sein Haus nach Queens zurück. Es gab zwar viele Verdächtige, aber nichts konnte jemals bewiesen werden.

derzubeleben. Malcolm war tot. Die Autopsie wurde von New Yorks oberstem Gerichtsmediziner, Dr. Milton Helpern, durchgeführt. Als Todesursache wurden „mehrere Schusswunden in der Brust, im Herzen und in der Aorta" festgestellt. Malcolm wurde von insgesamt acht Schrotkörnern und neun Pistolenkugeln getroffen.

Am 27. Februar 1965 fand die Trauerfeier in Harlem, in der Faith Temple Church of God in Christ (der heutigen Child's Memorial Temple Church of God in Christ), statt.

1500 Menschen nahmen daran teil. Bestattet wurde er auf dem Ferncliff-Friedhof in Hartsdale (New York), wo seine Freunde selbst das Grab zuschaufelten. Kurz darauf wurden drei Männer verhaftet. Es waren die Nation-of-Islam-Mitglieder Talmadge Hayer, Norman 3X Butler und Thomas 15X Johnson. Im März 1966 wurden sie alle wegen Mordes verurteilt.

Auf den ersten Blick war der Fall simpel: interne Machtkämpfe zwischen schwarzen Radikalen. Die Nation of Islam hatte ihr berühmtestes Ex-Mitglied ermordet. Die Medien weinten bestenfalls Krokodilstränen und gingen dann wieder zur Tagesordnung über. Ganz langsam keimte jedoch der Verdacht auf, dass nicht alles so war, wie es schien.

Eine Vertuschung?

Der Verdacht drehte sich um die Vorstellung, dass Malcolm von anderen Schwarzen ermordet worden war, die ihrerseits manipuliert worden waren: Sie glaubten, durch das Attentat die Wünsche der Nation of Islam zu vollstrecken.

Es war nicht schwer, diesem Verdacht Nahrung zu geben. Unmittelbar nach dem Mord erfuhr die *Herald Tribune* aus Polizeiquellen, dass sich „mehrere" Mitglieder des streng geheimen Bureau of Special Services (BOSS) zur Zeit des Attentats im Publikum befunden hatten. Einer dieser Geheimpolizisten, Gene Roberts, arbeitete bei dem Anschlag als Leibwächter für Malcolm X.

Am 25. Februar 1965, vier Tage nach dem Mord an Malcolm X, sagte einer seiner Stellvertreter in der Organisation für afroamerikanische Einheit, Leon 4X, aus, dass er davon überzeugt sei, sein Leben sei in Gefahr. Weniger als drei Wochen später starb er tatsächlich, angeblich an einer Überdosis Schlaftabletten. Er soll kurz davor gestanden haben, die Verwicklung der Regierung in das Attentat an Malcolm X aufzudecken.

Weitere Spekulationen gab es um die Frage, wer die Tat wirklich ausgeführt hatte. An der Schuld von Talmadge Hayer bestand kein Zweifel, aber es gibt viele Beweise, dass sich die anderen Angeklagten zur Zeit des Attentats nicht einmal im Audubon aufhielten und dass die wirklichen Täter also niemals zur Rechenschaft gezogen wurden. Talmadge Hayer sagte aus, dass er kein Mitglied der Nation of Islam sei und „dass der Mann, der ihn angeheuert hatte, auch kein Moslem war", wie aus dem 1971 erschienenen Buch *The Assassination of Malcolm X* hervorgeht.

Wer steckte wirklich hinter dem Attentat: die Regierung oder die Nation of Islam? Es besteht ein gewisser Verdacht, dass die Regierung ihre Finger im Spiel hatte, und das FBI weinte Malcolm X sicherlich nicht allzu viele Tränen nach. Andererseits gab es den Machtkampf zwischen Malcolm und dem Anführer der Nation of Islam, Elijah Muhammad. Dessen Nachfolger, Louis Farrakhan, hatte öffentlich dazu aufgerufen, Malcom X auszuschalten. Vielleicht hatten beide Parteien ihren Anteil am Geschehen. Vielleicht waren die Täter auch schwarze Moslems, die von Agenten dazu angestiftet wurden.

Aber wie auch immer – klar ist, dass ein weiterer großer Führer der 1960er-Jahre in der Blüte seines Lebens getötet wurde, wie bereits John F. Kennedy vor ihm und Martin Luther King nur kurze Zeit später.

Prinzessin Dianas Tod

Eine geschockte Welt erfuhr in den frühen Morgenstunden des 31. August 1997 vom Tode Prinzessin Dianas. Ihr Liebhaber Dodi Al-Fayed und sie waren in der Nacht bei einem Autounfall in einem Straßentunnel in Paris ums Leben gekommen. Der Fahrer des Wagens, Henri Paul, starb ebenfalls, Dianas Leibwächter Trevor Rees-Jones wurde schwer verletzt.

Am Anfang schien die Unfallursache klar zu sein. Bei dem Versuch, eine Horde von Paparazzi loszuwerden, die das Paar auf Motorrädern verfolgte, war der Fahrer zu schnell in den Tunnel eingefahren und dort gegen einen Pfeiler geprallt. Aber dann kamen die ersten Fragen auf. Warum fuhr der Wagen so schnell? Hatte Henri Paul getrunken? Wenn ja, warum ließ man zu, dass er den Wagen der berühmtesten britischen Persönlichkeit, Prinzessin Diana, fuhr? Die Spekulationen und Skandale um ihre zum Scheitern verdammte Ehe mit Thronfolger Prinz Charles hatten ein Jahrzehnt lang die Boulevardzeitungen auf der ganzen Welt gefüllt. Warum waren die Lichter und Sicherheitskameras im Tunnel unmittelbar vor dem Unfall ausgefallen? Warum hatte es so lang gedauert, Prinzessin Diana, die nach dem Unfall noch lebte, in ein Krankenhaus zu bringen?

Warum wurde ihr Leichnam nach ihrem Tod durch Herzstillstand sofort einbalsamiert, noch bevor eine Autopsie durchgeführt werden konnte? War sie schwanger gewesen? Kann es sein, dass der MI6 und die britische Königsfamilie Diana und ihren Freund – den Sohn eines der reichsten Geschäftsleute Englands, Mohammed Al-Fayed – aus dem Weg räumen wollten? Hatte sich die Prinzessin durch ihre ständigen Indiskretionen, ihre zahllosen Affären, ihre offene Kritik an der Königsfamilie und ihr zunehmend exzentrisches Verhalten hochrangige Feinde gemacht? Mohammed Al-Fayed behauptete von Anfang an, dass das Paar ermordet worden sei. Weil sie vorgehabt hatten, zu heiraten, habe die Spitze der britischen Gesellschaft entschieden, dass es nun an der Zeit sei, sie aus dem Weg zu räumen.

Anfangs hielt man Al-Fayed für paranoid, aber es tauchten immer mehr Unstimmigkeiten auf, sodass seine Theorie auf einmal nicht mehr so weltfremd erschien. Bald waren auch andere davon überzeugt, dass es sich nicht um einen einfachen Unfall gehandelt hatte.

Hat der MI6 Diana ermordet?

Zuerst berichtet die Presse, der Fahrer des Unfallwagens habe einen tragischen Fehler gemacht. Dann wurde jedoch bekannt, dass Paul, der als Sicherheitschef im Ritz-Hotel arbeitete, als sehr besonnener Fahrer galt, der mehrere Spezialfahrkurse besucht hatte. Das Auto fuhr auch nur etwa 100 bis 110 Stundenkilometer schnell und nicht 190 Stundenkilometer, wie zuerst behauptet wurde. Außerdem gab es Anschuldigungen, dass Paul betrunken gewesen sei, aber Aufzeichnungen der Sicherheitskameras im Hotel belegen, dass er sich vollkommen normal verhielt, als er sich ans Steuer setzte. Es war auch mehr als unwahrscheinlich, dass er getrunken hatte, wo er in Rufbereitschaft für so bedeutende Gäste war. Später kam dann heraus, dass die Polizei – noch bevor sie überhaupt eine Blutprobe entnommen hatte – bekannt gab, Paul sei betrunken gewesen.

Wenn das Auto also nicht zu schnell fuhr und Paul nicht betrunken war, wie kam es dann zu dem Unfall? In widersprüchlichen Zeugenaussagen heißt es, dass ein Auto Paul den Weg versperrte, sodass er in den Tunnel ausweichen musste, und dass der Wagen von Motorrädern gerammt wurde, wodurch er ins Schlingern geriet. Einige behaupten, dass Paul für den MI6 arbeitete und den Auftrag hatte, Diana umzubringen. In letzter Minute ging jedoch etwas schief, und er kam selbst mit ums Leben. Immer noch ungeklärt ist die Frage, warum Dodi Paul gebeten hat, sie nach Hause zu fahren, anstatt seinen üblichen Fahrer Philippe Junot zu nehmen.

Der tödliche Augenblick

Gemäß einiger Berichte gingen im Tunnel alle Lichter aus, kurz bevor der Wagen hineinfuhr. Die Sicherheitskameras versagten ebenfalls ihren Dienst. Anhand dieser „Beweise" wurde die Theorie aufgestellt, dass die französischen Behörden den Unfall arrangiert hatten. Angeblich steckte auch Rees-Jones in dem Komplott. Deshalb hatte er seinen Sicherheitsgurt angelegt und überlebte, während Diana und Dodi nicht angeschnallt waren. Seine Beteiligung ist aber sehr fraglich. Es erscheint doch ein wenig zu riskant, freiwillig in ein Auto zu steigen, das in ein paar Minuten einen Unfall haben würde – selbst für einen Mann, der als Fallschirmjäger in einem der härtesten Regimenter der britischen Armee ausgebildet worden war.

Sehr merkwürdig ist jedoch in der Tat, wie die französischen Behörden an der Unfallstelle reagierten. Unmittelbar nach dem Unfall

War es ein Mordkomplott? Britische Zeitungen berichteten, dass Diana der Ansicht war, die Königsfamilie wolle sie ermorden lassen, damit Prinz Charles eine andere Frau heiraten könne.

sah es zunächst so aus, als sei Diana nicht schwer verletzt. Später stellte sich jedoch heraus, dass sie schwere innere Blutungen hatte. Auf den Arzt Frederick Mailliez, der als Erster am Unfallort ankam, wirkte sie nicht, als sei sie in Lebensgefahr. Da sie aber dennoch medizinische Hilfe benötigte, wurde ein Krankenwagen gerufen, der seltsamerweise eine Stunde brauchte, um die Prinzessin ins Krankenhaus zu bringen. Unterwegs hielt er sogar für zehn Minuten an! Später wurde dies so erklärt, dass man angehalten habe, um Diana eine Adrenalinspritze zu geben, und dass man langsam gefahren sei, um sie nicht zu sehr durchzurütteln.

Diese Erklärung überzeugte viele nicht, und außerdem beantwortete sie nicht die Frage, warum man die Prinzessin ausgerechnet in ein relativ weit entferntes Hospital gefahren hatte, wo sich in der Nähe mehrere Krankenhäuser befanden, in denen man sich um sie hätte kümmern können. Schließlich war der Patient nicht irgendjemand, sondern Diana, die Prinzessin von Wales, eine der bekanntesten Persönlichkeiten auf diesem Planeten.

Nach dem Unfall wurden wichtige Beweisstücke von der Unfallstelle entfernt – und zwar unmittelbar, nachdem die Opfer abtransportiert worden waren. Innerhalb weniger Stunden wurde der Tunnel gereinigt und desinfiziert und kurz darauf wieder für den Verkehr freigegeben. Normalerweise hätte man erwartet, dass die Behörden den Tunnel versiegeln und in Ruhe die Trümmerteile durchsuchen würden. Ausgerechnet bei diesem Fall taten sie das merkwürdigerweise nicht.

Das Nachspiel

Nachdem Prinzessin Diana verstorben war, reagierte die britische Königsfamilie sehr eigenartig: Man schickte einen Abgesandten ins Krankenhaus, der alle wertvollen Juwelen an sich nehmen sollte, die Diana getragen hatte. Dann ordneten sie an, den Leichnam sofort einzubalsamieren, damit keine Autopsie mehr durchgeführt werden konnte. Vor allem konnte so auch nicht mehr herausgefunden werden, ob die Prinzessin schwanger war. (Angeblich hatte sie Dr. Mailliez noch gesagt, dass dies der Fall sei.) Als die Presse von dieser Tragödie erfuhr, wurde die Königsfamilie von allen Seiten kritisiert, weil sie keine offizielle Erklärung abgab und die Flaggen am Palast in London auch nicht auf Halbmast setzen ließ.

Bis heute halten sich die Theorien, dass die Spitze der britischen Gesellschaft für Dianas Tod verantwortlich ist, da sie in ihren Augen nicht nur die Königsfamilie, sondern das ganze Land blamierte. Gemäß anderen Theorien inszenierte sie ihren eigenen Tod, um dem Medienrummel zu entgehen, der sie überall hin verfolgte.

Knapp neun Jahre nach Dianas Tod gab die Londoner Polizei bekannt, sie sei nun im Besitz neuer Beweise, die zur Aufklärung des Falls beitragen könnten. So sei etwa der Unfallwagen vollständig auseinandergenommen worden, und es soll auch ganz neue Zeugenaussagen geben. Vielleicht werden wir nun doch noch erfahren, was in dieser schicksalhaften Nacht wirklich in Paris geschah.

Das Jonestown-Massaker

Manche Ereignisse sind so grotesk und unerklärlich, dass Verschwörungstheorien unvermeidlich entstehen – und sei es nur, um zu erklären, wie so etwas überhaupt passieren konnte. Ein solches Ereignis ist sicherlich das Jonestown-Massaker, bei dem 900 Menschen – alle Mitglieder einer Sekte, die in einer Kommune in Guyana lebten – gemeinsam Selbstmord begingen, indem sie mit Zyanid vergifteten Fruchtsaft tranken. Viele der Toten waren Kinder, die den Saft von ihren Eltern bekamen. Kann es wirklich sein, dass sie alle ihren Anführer, Reverend Jim Jones, so sehr verehrten, dass sie seiner Anordnung, Selbstmord zu begehen, willig folgten? Oder waren hier dunkle Mächte am Werk?

Bevor wir versuchen können, diese Fragen zu beantworten, müssen wir uns die Fakten ansehen. Im Mittelpunkt der Ereignisse stand der rätselhafte Jim Jones. Jones wurde 1931 in Indiana, USA, geboren. Als Junge wurde er Mitglied der Pfingstgemeinde in seinem Heimatort. Als Jugendlicher war er bereits zum Prediger aufgestiegen und predigte in den schwarzen und weißen Gemeinden in Indianapolis. Ganz am Anfang war ihm vor allem das Mitleid mit den Unterdrückten – egal welcher Hautfarbe – wichtig.

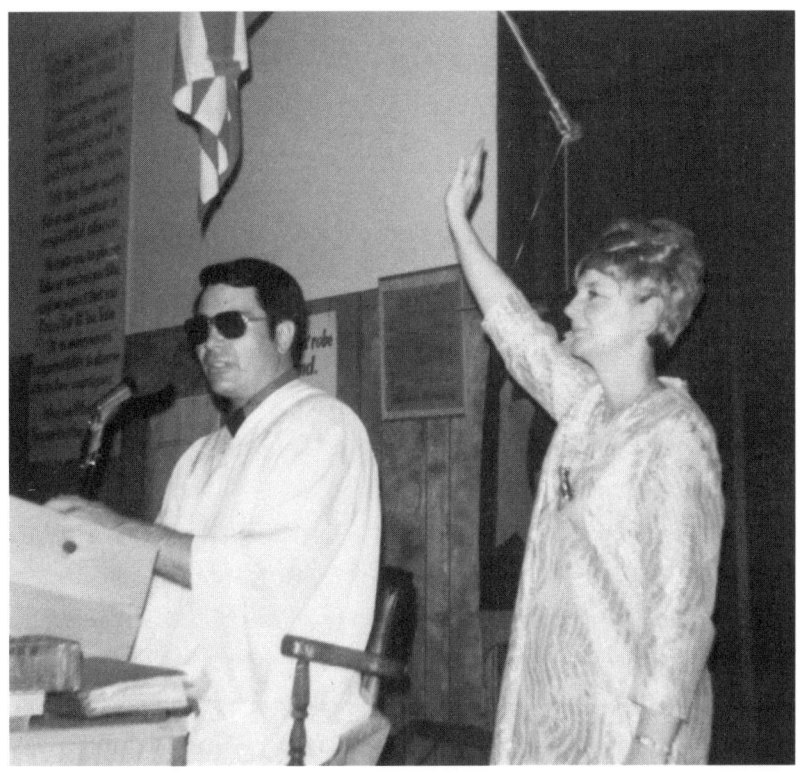

Reverend Jim Jones hält eine Predigt im Preacher's Temple in Indianapolis.

Der Atomkrieg

Jones wurde Prediger in der Methodisten-Kirche einer vornehmlich von Weißen bewohnten Gemeinde und lud zunehmend auch Schwarze in seine Kirche ein. In den späten 1950er-Jahren gründete er dann seine eigene Kirche in Indianapolis, die er „Volkstempel" nannte. Dort wurde viel für Arme getan, z. B. gab es eine Suppenküche. Seine Botschaft der Toleranz gegenüber anderen Hautfarben kam in jener Zeit, in der sich die Bürgerrechtsbewegung im Aufschwung befand, gut an.

Jones wurde aber immer kritischer gegenüber allen organisierten Religionen und bewegte sich in Richtung eines revolutionären Sozialismus. Die Aussicht auf einen Atomkrieg machte Jones jedoch immer mehr Sorgen. Er begann, darüber nachzudenken, mit seiner gesamten Gemeinde dahin umzusiedeln, wo sie vor einem Atomschlag sicher wären. Von 1963 bis 1965 reiste er umher, immer auf der Suche nach dem perfekten Ort für dieses Vorhaben. Seine Kirche wurde in der Zwischenzeit von seinen Assistenten geführt. Er verbrachte Zeit in Hawaii und Brasilien, und auf seinem Rückweg in die USA besuchte er den neu-sozialistischen südamerikanischen Staat Guyana. Er schien der richtige Ort für seine Gemeinde zu sein.

Der Umzug würde jedoch Geld kosten, das Jones noch nicht hatte. Deshalb zog die Gemeinde erst einmal nach Ukiah in Kalifornien. Anfangs ging es der Kirche schlecht. Jones selbst wurde immer paranoider und musste verschreibungspflichtige Medikamente einnehmen. Nach dem Zusammenschluss mit einer viel größeren Organisation, den Disciples of Christ (den Jüngern Christi), begann sein Stern aber wieder zu steigen. Seine Anhängerschaft vergrößerte sich, und er eröffnete neue Kirchen in San Francisco und Los Angeles. Die Gemeindemitglieder stammten immer häufiger aus den armen Schwarzengettos. Nach einem weiteren Umzug nach San Francisco hatte Jones' Kirche dort einen positiven Einfluss, und Jones selbst war Mitte der 1970er-Jahre eine durchaus bedeutende Figur auf dem politischen Spielfeld der Stadt.

Dschungel-Utopia

1973 begann Jones dann, seinen Lebenstraum von einer Gemeinde im Dschungel von Guyana wahr zu machen. Er nannte sie Jonestown. Als seine Gemeinde, die inzwischen mehrere Tausend Mitglieder hatte, 1977 in die Fänge der Steuerfahndung geriet, beschloss er, die ganze Einrichtung endgültig nach Jonestown zu verlegen.

Zuerst zogen nur 50 Mitglieder seines Volkstempels nach Guyana, aber bereits Ende 1978 lebten dort über 1.000 Menschen. In der ersten Zeit schien es ein wahres Utopia zu sein: eine multikulturelle Gemeinschaft, die in Harmonie zusammenlebte und sich vom Ackerbau ernährte. Nach und nach sickerten jedoch Berichte durch, dass nicht alles so war, wie es auf den ersten Blick schien. Am 13. November 1977 erschien im *San Francisco Examiner* ein Artikel über Bob Houston, dessen Vater glaubte, dass sein Sohne ermordet wurde, als er den Tempel verlassen wollte. Immer häufiger hörte man auch Geschichten, dass Menschen gegen ihren Willen in Jonestown festgehalten würden. Der Kongressabgeordnete Leo Ryan wurde auf die Angelegenheit aufmerksam, ganz besonders als er im Juni 1978 von einer Abtrünnigen der Sekte erfuhr, dass Jones mit seiner Gemeinde mehrmals den Massenselbstmord „geprobt" hatte.

Ryan beschloss, diesen alarmierenden Gerüchten nachzugehen. Am 14. November 1978 flog er mit seinem Stab, einigen Journalisten und besorgten Angehörigen nach Guyana. Nach anfänglichem Widerstand durften sie das Gelände am Abend des 17. endlich betreten. Jones hatte sichergestellt, dass sich die Gemeinde als Einheit zeigte, aber während ihres Aufenthalts wurden den Besuchern einige Nachrichten von Personen zugespielt, die darauf brannten, die Gemeinde zu verlassen. Ryan berichtete Jones davon, und es schien, als gebe es kein Problem. Am nächsten Tag brachte Ryan etwa 20 Abtrünnige zu einem Flugfeld im nahe gelegenen Port Kaituma. Zwei Flugzeuge warteten dort auf sie, um sie zurück nach Georgetown, der Hauptstadt Guyanas, zu bringen.

Ein Kameraman filmt seinen eigenen Tod

Als sie das Flugfeld erreichten, zog einer der Abtrünnigen, der vermutlich von Jones eingeschleust worden war, eine Pistole und erschoss zwei der anderen. Dann fuhren ein Lastwagen und ein Traktor des Tempels vor, und mehrere Personen eröffneten das Feuer auf die Gruppe. Ryan, ein Abtrünniger und drei Journalisten, inklusive des Kameramannes Robert Brown, der einen Großteil des Ereignisses noch filmte, bevor er getroffen wurde, starben.

In Jonestown war Jones inzwischen endgültig durchgedreht. Er rief die Gemeinde zusammen und teilte ihr mit, dass diese Desertionen das Ende für ihr Utopia bedeuteten und dass ihnen als letzter Ausweg nur noch Selbstmord bleibe. Diese Versammlung wurde auf Tonband aufgenommen. Erstaunlicherweise stimmten ihm die meisten zu. Einige Mitglieder schlugen vor, die Kinder leben zu lassen, aber Jones überstimmte sie und ließ Wannen mit vergiftetem Saft heranbringen. Die Kinder bekamen ihre Portionen zuerst. Den Babys wurde das Gift in den Mund gespritzt. Die Erwachsenen sahen zu, wie sie starben, und töteten sich dann selbst.

Einige versuchten zu fliehen, wurden aber von bewaffneten Wachen erschossen. Viele starben, aber über hundert Sektenmitgliedern gelang trotzdem die Flucht in den Dschungel. Jim Jones starb in seinem Stuhl durch einen Kopfschuss; vermutlich war es Selbstmord. Als Helfer von außerhalb in Jonestown ankamen, bot sich ihnen ein unvorstellbares Bild des Grauens: Sie fanden 913 Leichen, von denen viele in ordentlichen Reihen nebeneinander lagen.

Bewusstseinskontrolle und die CIA

War das Ganze nur eine Massenverwirrung – die klassische Geschichte einer religiösen Sekte, die völlig außer Kontrolle gerät –, oder lag dem Massaker eine verborgene Absicht zugrunde? Es dauerte nicht lang, bis die ersten Verschwörungstheorien auftauchten.

Zuerst konzentrierte man sich dabei, wie so häufig, auf die CIA. Könnte Jonestown der Schauplatz für ein geheimes CIA-Experiment zur Bewusstseinskontrolle, das außer Kontrolle geriet, gewesen sein? Schließlich wurde Jonestown zu dem Zeitpunkt gegründet, als das berüchtigte MKULTRA-Projekt der CIA gerade beendet wurde. Hat man es illegalerweise in Jonestown noch einmal zum Leben erweckt? Dieser Theorie zufolge war der Grund für den schrecklichen Massenselbstmord die Tatsache, dass Leo Ryan während seines Besuchs die Beteiligung der CIA aufgedeckt hatte. Der Massenselbstmord wäre also daraufhin zur Vertuschung dieser Fakten inszeniert worden.

Wenn sich diese Konstruktion schon zynisch anhört, so ist sie noch gar nichts gegen eine Variante dieser Theorie, der zufolge Leo Ryan ohnehin auf der Abschussliste der CIA stand, weil er den Hughes-Ryan-Gesetzesentwurf unterstützte. Danach müsste die CIA jede geplante Geheimmission vorher vom Kongress absegnen lassen. Nach dieser Theorie war der Zweck der ganzen Ereignisse lediglich der Mord an Leo Ryan – und der Massenselbstmord wurde nur inszeniert, um von dieser Tatsache abzulenken. Ganz egal, wie verdächtig einem die Aktivitäten der CIA auch vorkommen mögen: Die Anschuldigung, dass die Agency über 900 Menschen umbringen würde, um den Mord an einem einzelnen Mann zu vertuschen, ist unvorstellbar.

1980 untersuchte der ständige Geheimdienst-Sonderausschuss des Kongresses das Jonestown-Massaker und kam zu dem Schluss, dass die CIA nicht darin verwickelt war. Natürlich war das keine befriedigende Aussage. Dieser Umstand wird noch dadurch gefördert, dass die US-Regierung sich nach wie vor weigert, jegliche Dokumente zu diesem Fall zu veröffentlichen.

Ist es wahrscheinlich, dass die CIA in diesen schrecklichen Fall verwickelt war? Nicht wirklich. Die Tonbandaufnahme von Jones' letzter Rede und die Aussagen der Überlebenden deuten darauf hin, dass es am Ende doch „nur" ein Massenwahnsinn war. Für uns ist es jedoch oft einfacher zu glauben, dass das Ganze aus einem bestimmten Grund passiert ist, und deshalb wird es auch weiterhin Verschwörungstheorien über das schreckliche Jonestown-Massaker geben.

John Lennon und das FBI

Als John Lennon am 8. Dezember 1980 ermordet wurde, war die ganze Welt geschockt. Zum Zeitpunkt seines Todes war John Lennon einer der berühmtesten Popstars aller Zeiten, und nach einigen ruhigen Jahren war er mit seinem ersten Album nach fünf Jahren gerade wieder auf dem Sprung zurück in die Öffentlichkeit.

Er wurde vor dem Dakota Building, in dem er lebte, von Mark David Chapman erschossen, der von seinem Idol geradezu besessen war und auch eine Vorgeschichte psychischer Störungen hatte. Als Lennon an diesem Tag zusammen mit Yoko Ono ankam, hob Chapman eine Pistole und schoss viermal auf den Star, der noch versuchte, zu fliehen. Lennon wurde ins Krankenhaus gebracht, wo er kurz nach seiner Ankuft verstarb. Sein Tod wurde von Millionen Menschen weltweit betrauert, und bis heute ist er für seine Fans eine Legende.

Allgemein wurde anerkannt, dass der geistig gestörte Chapman die Tat auf eigene Rechnung beging. Es gibt aber auch Menschen, die glauben, dass Lennon das Opfer eines Komplotts wurde und dass Chapman auf Anordnung „von oben" gehandelt hatte.

„Gefährliche Extremisten"

In den späten 1960er- und frühen 1970er-Jahren hatte sich John Lennon unter anderem mit seiner offenen Kritik am Vietnamkrieg in den USA zunehmend unbeliebt gemacht. In einer Zeit, in der die Gegenkultur auf ihrem Höhepunkt war, wurde John Lennon als eine der einflussreichsten Persönlichkeiten angesehen. Die US-Regierung hielt ihn für hochgradig subversiv. Der FBI-Chef J. Edgar Hoover vermerkte auf Lennons Akte, dass „alle Extremisten als gefährlich angesehen werden sollten".

Als Ergebnis dieser Differenzen zwischen dem Star und den US-Behörden verweigerte man ihm die dauerhafte Aufenthaltserlaubnis in den USA, und man suchte ständig nach Möglichkeiten, ihn auszuweisen. 1972 war klar, dass Lennon unter Beobachtung stand. Er soll

John Lennon posiert mit Fan Paul Goresh am 8. Dezember 1980. Wenige Stunden später wurde Lennon von Mark Chapman erschossen.

angeblich gesagt haben, dass er um sein eigenes Leben und um das seiner Familie fürchte. Selbst als er sich vollkommen aus der Öffentlichkeit zurückgezogen hatte, wurde er weiterhin observiert, wenn auch nicht mehr so regelmäßig.

Unter der Regierung Carter schenkten die Behörden dem politisch inaktiven Lennon weniger Aufmerksamkeit, aber als 1980 Reagan zum Präsidenten gewählt wurde, änderte sich das alles wieder. Wie der Zufall es wollte, kehrte Lennon ausgerechnet in dem Augenblick ins Rampenlicht zurück, als die neue Regierung ihr Vorgehen gegen Extremisten aller Art verschärfte. Für viele ein Zeichen, dass Lennon ermordet wurde, als er gerade erst wieder in die Öffentlichkeit zurückgekehrt war.

Eindeutige Beweise

Obwohl es stimmt, dass John Lennon und seine Frau Yoko Ono viele Jahre lang von den US-Behörden als verdächtige Personen behandelt wurden, gibt es keinerlei eindeutige Beweise für eine Verbindung zwischen Mark Chapman und dem FBI oder der CIA. Einigen Autoren zufolge unterzogen die Regierungsbehörden den unsicheren, geistig instabilen Chapman einer Gehirnwäsche und zwangen ihn durch „Bewusstseinskontrolle" zum Mord an Lennon. Obwohl es viele handfeste Beweise – in Form von FBI-Akten – über den Kleinkrieg zwischen Lennon und den US-Behörden gibt, haben diejenigen, die behaupten, die Regierung sei einen Schritt weiter gegangen und habe den Star erschießen lassen, nichts in der Hand, was dies belegen könnte. Während es durchaus spannend ist, über die Zusammenstöße zwischen den Behörden und John Lennon zu lesen – eine Zeit lang war Lennon mit vielen der führenden Persönlichkeiten der Gegenkultur, darunter Jerry Rubin und Abbie Hoffman, befreundet – gibt es keinen Anlass zu glauben, dass die Regierung nur noch den Ausweg sah, ihn ermorden zu lassen. Und selbst wenn es so gewesen wäre, warum hätte man ausgerechnet Mark Chapman dafür eingesetzt und nicht einen ausgebildeten Agenten?

Bewusstseinskontrolle

Einige Journalisten spekulierten, dass Mark Chapman darauf programmiert war, auf Befehl zu töten. Sie weisen auf die Projekte „Bluebird" und „Artichoke" hin, in denen die CIA wissenschaftliche Möglichkeiten zur Verhaltenskontrolle ihrer Agenten testete. Die Experimente zur Bewusstseinskontrolle wurden mit verschiedenen Methoden, inklusive Hypnose und Drogen, durchgeführt. Mark Chapman wurde zu einer Art Schachfigur, einem sogenannten mandschurischen Kandidaten, der kaltblütig darauf programmiert wurde, John Lennon zu erschießen.

Ob es tatsächlich möglich ist, einen Menschen auf das Töten regelrecht zu programmieren – vor allem gegen seinen Willen –, ist mehr als fraglich. Andererseits weisen Psychologen darauf hin, dass es vermutlich durchaus möglich ist, einen Menschen in die gewünschte Richtung zu drängen, wenn er unbewusst ohnehin den tief verwurzelten Wunsch zum Töten verspürt. Das wäre natürlich ganz besonders bei Personen, die eine ohnehin gestörte Realitätswahrnehmung haben, ziemlich wirkungsvoll.

Die Verschwörungstheoretiker behaupten, für das FBI sei es ideal gewesen, einen geistig gestörten Einzelgänger für diese Tat zu verwenden, um von der eigenen Beteiligung abzulenken. Bei dieser Theorie gibt es jedoch einige Schwachstellen, ganz abgesehen von der Tatsache, dass es überhaupt keine Beweise gibt. Es ist vor allem auch sehr unwahrscheinlich, dass so eine Person einen verlässlichen Attentäter abgäbe. Zum Zeitpunkt seines Todes hatte sich John Lennon in der Obrigkeit durch seine politischen Aussagen und seine Verbindungen zu linksgerichteten Gruppen in der Tat viele Feinde gemacht. Deswegen jedoch zu behaupten, dass die CIA oder das FBI die Situation geklärt hätten, indem sie mitten in New York einen geistig instabilen Attentäter auf ihn ansetzten, erscheint doch sehr weit hergeholt.

Trotzdem ist es nicht zu leugnen, dass Lennons Rückkehr ins Rampenlicht mit der Änderung des politischen Klimas in den USA ziemlich genau zusammentraf. Vielleicht hatten die amerikanischen Behörden tatsächlich keine Lust auf ein erneutes Aufflammen der Grabenkämpfe. Solange es jedoch keine eindeutigen Beweise gibt, die Chapman mit den Sicherheitsbehörden in Verbindung bringen, war wohl alles nur ein tragischer Zufall. Und vielleicht fällt es vielen einfach schwerer zu glauben, dass John Lennon „nur" das Opfer eines sinnlosen Mordes war und nicht der Mittelpunkt einer finsteren Intrige.

Tupacs und Biggies Ermordung

In den frühen 1990er-Jahren wurde der Rap zu einer der wichtigsten Musikstile in den USA. Die führenden Rapper erschienen auf einmal nicht nur in den Hitparaden, sondern auch in den Schlagzeilen. Immer häufiger erzählte eine neue Generation von Rappern nicht mehr nur vom „coolen" Dasein als Gangster, sondern lebte es auch. Zwei führende Namen in der Welt des sogenannten Gangsta-Rap waren Tupac Shakur und Notorious B.I.G. (auch bekannt als Christopher Wallace oder Biggie Smalls).

Anfangs waren sie noch Freunde, aber schon bald wurden sie zu erbitterten Feinden und Konkurrenten. Die beiden Männer waren grundverschieden. Tupac lebte an der Westküste, während Biggie im Osten war. Tupac stand bei einem der wichtisten Rap-Labels, Death Row, unter Vertrag, während Biggie bei deren größtem Konkurrenten, Bad Boy, unterschrieben hatte. Selbst vom Aussehen her waren sie völlig verschieden. Tupac war schlank und drahtig, während Biggie, wie sein Name schon sagt, rundherum ziemlich stämmig war. Beide wurden jedoch in der Blüte ihres Lebens erschossen, und die Umstände rund um ihren Tod hielten seitdem viele Verschwörungstheoretiker auf Trab.

Tupac wurde am 16. Juni 1971 in der Bronx, New York City, geboren. Er erhielt den Namen Lesane Parish Crooks, aber bereits kurz nach seiner Geburt änderte seine Mutter Afeni, die Mitglied der Schwarzen Panther war, seinen Namen in Tupac Amaru Shakur. Seine Kindheit in New York war von Armut geprägt. Als Jugendlicher zog er nach Baltimore, wo er die Kunsthochschule besuchte und Theater und Tanz studierte. Als seine Familie erneut umzog – dieses Mal nach Marin County in Kalifornien –, geriet Tupac auf die schiefe Bahn und wurde in den Drogenhandel verwickelt. Außerdem begann er, sich ernsthaft mit Rap zu beschäftigen, und brachte 1990 seine erste Single heraus. Im folgenden Jahr machte sich seine Schauspielausbildung bezahlt, als er eine Hauptrolle in dem Gangsterfilm *Juice* bekam. Im gleichen Jahr erschien auch sein Debutalbum.

Einen Kopfschuss überlebt

Auf einmal war Tupac ein Star mit einigen erfolgreichen Hits und weiteren Filmrollen. Gleichzeitig wurde er jedoch in eine Reihe gewalttätiger Zwischenfälle verwickelt. In einem davon, 1991 in Oakland, war Tupac das Opfer von Polizeigewalt. Ein anderes Mal schoss er in Atlanta auf zwei Polizisten, die einen schwarzen Motorradfahrer misshandelten. Die Anklage gegen Tupac wurde fallen gelassen, als herauskam, dass die beiden Polizisten betrunken waren und gestohlene Waffen besaßen. Im Dezember 1993 wurde Tupac wegen sexuellen Missbrauchs angeklagt und zu vier Jahren Gefängnis verurteilt. Während er auf seinen Haftantritt wartete, wurde Tupac in einem New Yorker Aufnahmestudio von zwei Männern niedergeschossen. Sie trafen ihn fünfmal, einmal davon in den Kopf. Tupac überlebte und sagte später in einem Interview, er glaube, sein ehemaliger Freund Biggie und dessen Plattenboss Sean „Puffy" Combs seien für den Anschlag verantwortlich.

Im Februar 1995 trat Tupac seine Haftstrafe an, wurde aber nach acht Monaten entlassen, weil sein eigener Plattenchef, Suge Knight, 1,4 Millionen US-Dollar Kaution für ihn zahlte. Im Gegenzug musste Tupac zustimmen, drei Alben für Knights Death Row Records herauszubringen.

Vom ersten dieser drei Alben, *All Eyez on Me,* wurden neun Millionen Stück verkauft. In dem Video zur Single *I Ain't Mad at Cha,* das einen Monat vor seinem Tod gefilmt wurde, sah man, wie auf Tupac geschossen wurde. Unmittelbar vor seinem Tod nahm er ein weiteres Album unter dem Pseudonym Makaveli auf, *The Don Killuminati: The 7 Day Theory.*

Ein prophetisches Album

Auf dem Album fanden sich viele Andeutungen über den Tod, und es sollte sich schon bald als prophetisch herausstellen. Am 7. September 1996 wurde Tupac Shakur nach einem Boxkampf zwischen Mike Tyson und Bruce Seldon in Las Vegas von vier Kugeln getroffen. Sechs Tage später erlag er im Las Vegas University Medical Center seinen Verletzungen.

Die Polizei konnte die Täter nicht dingfest machen, aber sie vermutete, dass es sich um Mitglieder einer Gang, der Southside Crips, handelte. Einige Stunden vor seiner Ermordung war Tupac in der Lobby eines Hotels in einen Kampf mit dem 21-jährigen Crip „Baby Lane" Anderson verwickelt gewesen. Anderson wurde von der Polizei zwar vernommen, aber nicht angeklagt. Zeugen gab es – was nicht weiter verwundert – so gut wie keine.

Der Rapstar Notorious B.I.G. mit dem Boss seiner Plattenfirma, Sean „Puffy"
Combs. Viele schieben seine Ermordung auf die heftige Konkurrenz zwischen
den Rapszenen der West- und der Ostküste.

Innerhalb der Rapwelt fiel der Verdacht schnell auf Biggie Smalls
und Bad Boy Records. Gerüchteweise hatte Biggie die Crips angeheuert, um Tupac auszuschalten. Die Gerüchte verdichteten sich, als
Tupacs Freund, Yafeu „Kadafi" Fula, der bei der Schießerei dabei-
gewesen war und vermutlich die Identität der Mörder kannte, in New
Jersey geradezu hingerichtet wurde.

Die Gerüchte über Biggies Beteiligung reichten nicht aus, um die
Polizei zum Handeln zu zwingen, aber es erstaunte niemanden, dass
Biggie selbst am 9. März 1997, nur zwei Jahre nach Tupacs Ermordung, erschossen wurde, als er von einer Party in Los Angeles kam.
Wieder gab es keine Zeugen, die bereit gewesen wären, den Täter zu
identifizieren. Diesmal fiel der Verdacht jedoch auf den Chef von Tupacs Plattenfirma, Suge Knight.

Waren die beiden Rapper Opfer einer Gangkultur, die außer Kontrolle geraten war, oder wurden sie vorsätzlich von ihren Rivalen ermordet? Ein Artikel in der *Los Angeles Times* wollte beweisen, dass Biggie Tupacs Ermordung angeordnet, die Killer bezahlt und sie mit Waffen ausgestattet habe. Der Autor behauptete sogar, Biggie habe sich zu dem Zeitpunkt in Las Vegas aufgehalten. Er erklärte jedoch nicht, warum dort niemandem die Anwesenheit dieses 1,83 Meter großen und 136 Kilogramm schweren Rappers und seines Gefolges aufgefallen ist. Später wurden eindeutige Beweise geliefert, dass Biggie zu jenem Zeitpunkt in einem Aufnahmestudio in New York war.

Nach dem Tod mehr wert?

2002 wurde das Interesse an dem Fall erneut angefacht. Der Auslöser war die Reportage *Biggie and Tupac* des britischen Filmemachers Nick Broomfield. Darin hieß es, dass Suge Knight vielleicht für den Tod seines Stars verantwortlich war und anschließend Biggie umbringen ließ, um das Ganze zu vertuschen.

Das Motiv dafür war angeblich, dass Tupac plante, Death Row zu verlassen, als er entdeckt hatte, dass Knight ihn um Tantiemen betrog. An diesem Punkt entschied Knight, dass Tupac tot wertvoller für ihn war als lebendig. Diese Theorie wird in erster Linie dadurch genährt, dass Tupacs Alben, die nach seinem Tod veröffentlicht wurden, geradezu unglaublichen Erfolg hatten. Diese Idee wurde zusätzlich von einem angeblichen Geständnis Knights im Gefängnis und von seiner langen Vorgeschichte von Gewaltanwendung bei Geschäftsverhandlungen gestützt.

Es ist eine elegante Theorie, aber sie hat viele Löcher. Denn erstens saß Knight direkt neben Tupac, als das Auto beschossen wurde. Eine

Kugel streifte ihn am Kopf. Das Ganze wäre für Knights ein extrem riskanter Plan gewesen. Zweitens: Wenn der Mord an Biggie zur Vertuschung dienen sollte, hätte Knight sicherlich nicht zwei Jahre damit gewartet. Außerdem musste ihm klar gewesen sein, dass er ganz sicher unter Verdacht geraten würde, Biggie ermordet zu haben.

Diese Theorie ist trotzdem noch immer glaubhafter als die andere große Theorie, nämlich dass Tupac – wie Elvis – ja gar nicht tot sei. Als Beweis dafür gelten Songtexte, die angeblich darauf hinweisen, dass Tupac seinen eigenen Tod inszeniert hat, das Cover seines letzten Albums, auf dem ein gekreuzigter Tupac zu sehen ist (Jesus erstand nach der Kreuzigung wieder auf) sowie die Verwendung seines neuen Namens „Makaveli". Inspiriert wurde dieser wohl von Tupacs Studium der Schriften Machiavellis, der einst schrieb, dass „die Inszenierung des eigenen Todes eine nützliche Taktik zur Täuschung der Feinde sein kann".

Die Fans haben noch viele weitere „Hinweise" gefunden, aber es ist wohl kaum möglich, die Beweise in Form eines Fotos, das 1997 veröffentlicht wurde, zu widerlegen. Darauf ist der schwer verletzte Leichnam Tupacs auf dem Autopsietisch zu sehen.

Kapitel 6
Prominente Indiskretionen

Ein kurzer Blick in einen beliebigen Zeitschriftenladen irgendwo auf der Welt zeigt deutlich, wie sehr sich die Medien heute mit dem Leben der Prominenten beschäftigen. Noch nie zuvor war das Interesse am Leben der Reichen und Schönen so groß wie heute. Es ist jedoch keineswegs ein neues Phänomen, wie die nun folgenden Verschwörungstheorien zeigen.

Elvis lebt

Am 16. August 1977 war Elvis Aron Presley noch immer der König des Rock 'n' Roll, aber er war ein König, dessen Thron zu wackeln begann. Er war 42 Jahre alt und hatte seit Jahren keinen großen Hit mehr gehabt. Er war von unzähligen Medikamenten – legalen und illegalen – abhängig und stark übergewichtig. Seine letzten Auftritte in Las Vegas waren häufig geradezu peinlich gewesen, denn Elvis war offensichtlich verwirrt und kaum zu verstehen. Als er tot in seinem Badezimmer gefunden wurde, waren viele Menschen sehr traurig, aber kaum einer war wirklich überrascht. Es war eine amerikanische Geschichte, geprägt von großen Erfolgen und noch größeren Exzessen – die Geschichte eines jungen Mannes, dem die Welt zu Füßen lag und der sein Leben wegwarf.

Für Millionen seiner Anhänger war die Art seines Todes nur schwer zu ertragen. Kaum jemand wollte die vielen hässlichen Enthüllungen in den Büchern lesen, die von Mitgliedern seines Gefolges geschrieben wurden, um aus seinen Tod schnell noch Geld zu machen. Am schlimmsten war die bösartige Biografie von Albert Goldman. Die meisten hörten sich lieber Elvis' Platten an und versuchten, die letzten tragischen Jahre im Leben ihres Idols zu vergessen. Andere weigerten

Elvis auf der Bühne: Aufnahme aus dem Film **Elvis on Tour** von 1972. Für viele Fans hat der Glaube, dass ihr Idol noch lebt, etwas beinahe Religiöses.

sich schlicht, an seinen Tod zu glauben. Schon bald gab es die ersten Gerüchte, dass Elvis lebe, dass er seinen eigenen Tod inszeniert habe. Waren das nur Illusionen der Fans, oder könnte an diesen Geschichten etwas Wahres sein?

Die Wachspuppe

Wenn wir uns Elvis' Tod genauer ansehen, stolpern wir schon bei der Autopsie über die erste Ungereimtheit. Ursprünglich hatte der Gerichtsmediziner von Shelby County, Dr. Jerry Francisco, behauptet, dass Elvis an Herzrhythmusstörungen gestorben sei, was er als „extrem unregelmäßigen Herzschlag" und „anderer Name für Herzinfarkt" beschrieb. Angesichts der Tatsache, dass Elvis starkes Übergewicht hatte sowie an Bluthochdruck litt, war das nicht unwahrscheinlich. Die bis zu elf (legalen) Drogen, die sich in seinem Blut befanden, erwähnte der Arzt dagegen nicht. Später gab Francisco zu, dass er die Medikamente und die Möglichkeit, dass Elvis an einer Überdosis gestorben sei, absichtlich nicht aufgeführt hatte, um Elvis' Familie und Freunde zu schonen. Das war zwar recht merkwürdig, aber sicherlich nicht böse gemeint. Allerdings kann die Verwirrung um die Todesursache durchaus die vielen Gerüchte verursacht haben.

Es dauerte nicht lange, bis Fans über die ersten Elvis-Sichtungen berichteten. Ein Mann machte ein paar Monate nach der Beerdigung Aufnahmen vom Hallenbad in Graceland. Wenn man ganz genau hinsah, schien da ein Elvis verdächtig ähnlich sehender Mann im Hallenbad zu sitzen. Dann kam eine Platte von Sivle Nora (Elvis Aron rückwärts) heraus, die sich sehr nach Elvis anhörte. Natürlich war den Fans auch nicht entgangen, dass der zweiter Vorname auf seinem Grabstein falsch geschrieben war (Aaron statt Aron). Konnte das bedeuten, dass Elvis gar nicht dort unten lag?

Wenn es aber nicht Elvis war, wer lag dann in dem Sarg? Auch darauf hatten die Fans eine Antwort. Die „Person" im Sarg war eine Wachspuppe von Elvis. Schließlich hatten sich viele Gäste bei der Beerdigung ohnehin über sein wächsernes Aussehen gewundert. Einer behauptete sogar, dass Elvis' Koteletten angeklebt waren. Bald hieß es, dass ein Mitglied der Presley-Familie kurz vor Elvis' „Tod" eine Elvis-Wachfigur gekauft habe.

Auch die Verschwörungstheoretiker hatten eine ganze Menge Antworten auf die Frage, was mit Elvis nach seinem gefälschten Tod passiert war. Angeblich wurde zu der Zeit, in der Elvis sich im

Todeskampf befand, in der Gegend ein Helikopter gesehen, der den „King" in letzter Minute abtransportiert haben soll. Und angeblich war die Lieferung, die Elvis an jenem Morgen erhielt, auch Teil der Täuschung. Er soll die Wachsfigur in Empfang genommen haben und dann in den Postwagen eingestiegen sein. Außerdem soll ein Passagier, der sich Jon Burrows nannte – ein Pseudonym, das Elvis häufig benutzt hatte –, zum Zeitpunkt, als dessen „Tod" entdeckt wurde, in ein Flugzeug nach Buenos Aires gestiegen sein.

Elvis – ein Geheimagent?

Vielleicht lebt Elvis glücklich und zufrieden in Buenos Aires oder Kalamazoo, wie andere behaupten. Aber warum? Warum sollte er seinen Tod vortäuschen? Dafür gibt es zwei Haupttheorien. Nach der ersten ertrug Elvis den Stress, den seine Berühmtheit mit sich brachte, einfach nicht mehr. Er hatte wohl erkannt, dass sein Lebensstil ihn langsam, aber sicher umbrachte, und beschlossen, das alles hinter sich zu lassen und ganz neu anzufangen. Nach der zweiten Theorie arbeitete Elvis ehrenamtlich als Agent für Richard Nixon und befand sich auf einer geheimen Regierungsmission zur Infiltrierung der Mafia. Dummerweise kam er seinem Ziel zu nah, und das FBI musste als Teil des guten alten Zeugenschutzprogrammes seinen Tod vortäuschen.

An diesem Punkt brechen die Elvis lebt-Theorien, die ohnehin nur dürftig aus Indizien zusammengestückelt sind, endgültig in sich zusammen. Keine erscheint auch nur ansatzweise glaubhaft. Denn Elvis hasste seinen Ruhm nicht – im Gegenteil, er sonnte sich im Rampenlicht. Zur Theorie, er sei Geheimagent gewesen, kann man eigentlich nur sagen, dass sie zumindest etwas glaubhafter ist als die Theorie, dass er von Aliens entführt wurde – aber nur gerade eben so.

Die Elvis lebt-Theorien sind immer wieder spannend zu lesen, aber sie sind sehr wahrscheinlich nur Wunschdenken seiner immer noch treuen Fans, denn eindeutige Beweise gibt es nicht. Ja, es stimmt, vielleicht starb Elvis nicht einfach an einem Herzinfarkt, aber die Wahrscheinlichkeit, dass er in nächster Zeit ein Comeback versucht, ist – wie sein Namensvetter Elvis Costello schon sang – „less than zero", also nicht vorhanden.

Die Profumo-Affäre

1962 waren die Entbehrungen der Nachkriegszeit in Großbritannien noch immer zu spüren. Regiert wurde das Land vom betagten Premierminister Harold Macmillan. Trotzdem gab es bereits erste Anzeichen für Veränderungen. Eine Band aus Liverpool, die sich „The Beatles" nannte, war kurz davor, ihre erste Single zu veröffentlichen, und eine satirische Fernsehsendung begann, regelmäßig die feine Gesellschaft, die Politiker und sogar die Königsfamilie zu veralbern. Zum ersten Mal im Zeitalter der Massenmedien erkannte die britische Öffentlichkeit allmählich, dass ihre gewählten Repräsentanten vielleicht gar nicht so respektabel waren, wie sie vorgaben.

Dann kam der Zwischenfall, der diesen Verdacht zu bestätigen schien: der größte Skandal in der britischen Nachkriegsgeschichte. Alles begann mit dem Gerücht, ein britischer Politiker habe mit einer Frau geschlafen, die auch mit einem russischen Marineattaché schlief – der vermutlich ein Spion war. Ganz langsam sortierte man den Beteiligten Namen zu. Der Attaché hieß Iwanow. Die Frau war die Tänzerin und Hostess Christine Keeler. Und der Politiker war – sensationell – der Heeresminister John Profumo, ein aufgehender Stern der Konservativen Partei.

Diese üblen Gerüchte breiteten sich immer weiter aus, bis sie schließlich auch im Unterhaus behandelt wurden. Profumo machte dabei den fatalen Fehler, alles kategorisch abzustreiten. Stattdessen behauptete er: „Miss Keeler und ich sind nur Freunde. Meine Beziehung zu ihr hat nichts Ungehöriges an sich." Die Gerüchte wollten jedoch nicht verstummen, und bald entdeckte die Presse, dass es hinter dem ganzen Rauch auch ein ziemlich großes Feuer gab. Profumo hielt eine ganze Weile durch, aber zehn Wochen später erschien er wieder vor den Abgeordneten und erklärte mit „tiefem Bedauern", dass er das Parlament angelogen habe, um seine Familie zu schützen, und dass er zurücktreten wolle.

Der Mann mit der Maske

Falls Profumo gedachte hatte, das sei das Ende der Geschichte, lag er falsch. Die Presse hatte Blut geleckt. Langsam wurde der Hintergrund der Keeler-Profumo-Affäre enthüllt. Die beiden hatten sich durch den bekannten Osteopathen Dr. Stephen Ward kennengelernt. Christine Keeler lebte in Wards Appartement – sie war eines von mehreren hübschen Mädchen, mit denen er sich sehr gern umgab. Es hieß, Wards Wohnung sei Schauplatz exotischer Sexpartys, an denen auch einige bekannte Persönlichkeiten der britischen Gesellschaft teilnähmen. Bald tauchte ein noch viel eigenartigeres Gerücht auf: der Mann mit der Maske. Anscheinend gehörte der Maskierte quasi zum Inventar auf Wards Partys. Er bediente die Gäste nur mit einer Maske „bekleidet" und musste später aus einem Hundenapf „fressen". Wilde Spekulationen entbrannten. War es vielleicht ein weiterer Minister? Ward hatte auch Verbindungen zum russischen Marineattaché Iwanow. War der Doktor womöglich ein Spion? Und wenn ja, für welche Seite?

Dann – so heißt es – erschien der Zuhälter „Lucky" Gordon bei Ward, wedelte mit einer Pistole herum und suchte nach Keeler, die angeblich seine Ex-Freundin war. Keeler versteckte sich aber. Zu diesem Zeitpunkt entschied die reichlich mitgenommene britische Öffentlichkeit, dass es jetzt wirklich genug sei. Diese Geschichte war schon viel zu lange im Umlauf. Dr. Stephen Ward wurde wegen sittenwidriger Einkünfte und Anstiftung zur Prostitution vor Gericht gestellt. Zwei „seiner" Mädchen wurden als sogenannte sittenwidrige Verdiener benannt. Es waren Christine Keeler und ihre Freundin Mandy Rice-Davies, eine lebhafte Blondine.

„Natürlich sagt er das!"

Wards Prozess erregte große Aufmerksamkeit. Keeler wies alle Anschuldigungen zurück. Sie sagte aus, dass Ward die Frauen nicht benutzt habe, um mit Sex Geld zu verdienen, sondern um sich Ansehen zu verschaffen. Sie sagte allerdings auch aus, dass Profumo ihr Geld „für ihre Mutter" gegeben habe. Mandy Rice-Davies gab dagegen zu, in Wards Wohnung Sex gegen Geld geboten zu haben. Ihr Verhalten im Zeugenstand machte sie berühmt. Die Anklage behauptete, sie habe für ihre „Dienste" auch Geld von Lord Astor bekommen. Als man ihr sagte, dieser habe aber abgestritten, mit ihr geschlafen zu haben, sprach sie die Worte: „He would, wouldn't he!" („Natürlich sagt er das!"). Rice-Davies wurde zum Symbol des neuen Großbritanniens, das seinen Führern nicht mehr willenlos ergeben war.

Das Gericht hatte einen soliden Fall gegen Ward, aber der beging am letzten Tag der Verhandlung Selbstmord. Jetzt war die Profumo-Affäre endgültig vorbei, und der Mann, der ihre schmutzigsten Geheimnisse kannte, war tot. Verschwörungstheoretiker debattieren

Rice-Davies und Christine Keeler verlassen im Juli 1963 nach dem ersten Tag des Stephen-Ward-Prozesses im Profumo-Skandal das Londoner Gericht Old Bailey.

aber noch heute, ob Ward nur eine Spielfigur oder ein Agent des britischen Geheimdienstes war, der sich zu tief in die Sache hineinziehen ließ und dafür umgebracht wurde. In ihrer 2001 erschienenen Autobiografie behauptete Christine Keeler, dass Ward ein russischer Spion war, der in der Tat Geheimnisse an Iwanow weitergegeben hatte. Für diese Theorie hatte sie jedoch keinerlei Beweise.

Vermutlich gab es tatsächlich ein Komplott, bei dem Ward alle Schuld in die Schuhe geschoben werden sollte, damit wichtigere Personen ungestraft davonkamen. Die folgenreichste Bedeutung der Affäre war jedoch ihre Auswirkung auf die britische Öffentlichkeit: Sie markierte den Beginn der „Wilden Sechziger".

Die Lindbergh-Entführung

Im Jahr 1932 war Charles Lindbergh einer der berühmtesten Männer Amerikas. Sieben Jahre zuvor hatte er als Erster ganz allein den Atlantik überflogen. Als Anerkennung für diese Leistung ernannte man ihn zum Oberst und gab ihm den Spitznamen „einsamer Adler". Lindbergh war von Natur aus ziemlich schüchtern, und es fiel ihm schwer, mit all dem Ruhm umzugehen. Deshalb hatte er die letzten Jahre damit verbracht, in der Nähe von Hopewell (New Jersey) ein großes Landanwesen für seine Familie und sich zu bauen.

Da das neue Haus noch nicht ganz fertig war, verbrachten die Lindberghs nur die Wochenenden dort. Unter der Woche lebten sie im Haus der Familie seiner Frau, Anne Morrow Lindbergh. Bei einer Gelegenheit entschieden sie sich jedoch, einen Tag länger auf dem Land zu bleiben – was sich als fatale Entscheidung herausstellen sollte.

Am Abend des 1. März 1932 betrat Betty Gow, das Kindermädchen des 21 Monate alten Charles A. Lindbergh jun., gegen 22 Uhr das Schlafzimmer des Lindbergh-Sohnes und stellte fest, dass er verschwunden war.

Nach einer verzweifelten 25-minütigen Suche rief der Hausmeister Ollie Whately die Polizei. Charles Lindbergh suchte, mit seinem Gewehr bewaffnet, das Grundstück ab, konnte aber niemanden finden. Als die Polizei eintraf, entdeckte sie Fußabdrücke, einen Meißel und etwa 100 Meter entfernt eine selbst gebaute, dreiteilige Leiter. Kurz darauf fand Lindbergh im Kinderzimmer eine Lösegeldforderung über 50 000 US-Dollar. Der Zettel war in schlechtem Englisch geschrieben, offensichtlich von jemandem, der Deutsch sprach.

Der Mittelsmann

Von Anfang an nahm Lindbergh, unterstützt von seinen Anwälten, die Untersuchung selbst in die Hand. Er war so berühmt, dass die Polizei ihn nach Belieben schalten und walten ließ. Lindbergh beschloss bald, dass das organisierte Verbrechen hinter der Entführung stecken müsse. Er kontaktierte den Gelegenheitsgangster Morris Rosner und bezahlte ihn dafür, sich ein bisschen in der Unterwelt umzusehen. Der Versuch brachte jedoch keine Ergebnisse.

Eine Woche nach der Entführung schrieb ein pensionierter Lehrer aus der Bronx, John F. Condon, einen Brief an eine Zeitung, in dem er seine gesamten Ersparnisse in Höhe von 1000 Dollar zusätzlich anbot, falls das die Entführer überreden könne. Erstaunlicherweise wurde Condon kurz darauf von den Entführern kontaktiert, die dabei das gleiche geheime Zeichen wie auf der Lösegeldforderung verwendeten. Sie forderten ihn auf, als Mittelsmann zu fungieren. Lindbergh stimmte zu, und es dauerte nicht lange, bis man wieder mit Condon Kontakt aufnahm und ihn zu einem Treffen mit dem angeblichen Entführer auf einen Friedhof dirigierte. Condon gab dem Mann den Namen „Friedhof-John" und sagte, dieser habe zugestimmt, ihm als Bestätigung den Schlafanzug des Jungen zuzuschicken. Sobald sie ihn erhielten, sollte John Condon die volle Lösegeldsumme übergeben.

Der Schlafanzug wurde in der Tat mit der Post zugestellt, und am 2. April 1932 kehrten Lindbergh und Condon zum Friedhof zurück, wo Condon Friedhof-John die 50 000 Dollar übergab. Im Gegenzug bekam er einen Brief, in dem Anweisungen stehen sollten, wie sie den Jungen finden würden. Der Brief, in dem ein Boot mit Namen *Nellie* erwähnt wurde, führte sie jedoch auf eine falsche Fährte. Friedhof-John war mit dem Geld entkommen, und das Baby war noch immer verschwunden.

Knapp einen Monat später, am 12. Mai, endete die Suche. Ein Lkw-Fahrer hatte die verwesten Überreste eines Babys drei Kilometer vom Lindbergh-Haus in einem Waldstück gefunden. Nach der Untersuchung der Zähne erklärte Lindbergh, dass es sich um seinen Sohn handele. Offensichtlich war er an einer Kopfverletzung gestorben, die von einem Sturz herrühren konnte. Aus der Entführung war nun ein Mordfall geworden. Die Polizei hatte jedoch noch keinen Verdächtigen, und im Lauf der Zeit kühlte die Spur immer weiter ab.

Zwei Jahre später fasste man den deutschstämmigen Tischler Bruno Richard Hauptmann, als er mit einem der Geldscheine aus dem Lösegeld bezahlte. Er hatte die gleichen hohen Wangenknochen wie Friedhof-John. Im Gegensatz zu Condons ursprünglicher Beschreibung war er jedoch blond und blauäugig. Bei einer Hausdurchsuchung fand die Polizei 18 000 Dollar des Lösegelds in seiner Garage versteckt. Hauptmann wurde verhaftet und wegen Entführung und Mordes angeklagt.

Sensationeller Prozess

Der Prozess war eine Sensation. Es war der Beginn des Zeitalters der Massenmedien, Nachrichten verbreiteten sich über das Radio schnell in ganz Amerika. Abgesehen von der Tatsache, dass man einen Teil des Lösegelds bei ihm gefunden hatte, gab es gegen Hauptmann bestenfalls Indizienbeweise. So identifizierte Lindbergh z. B. seine Stimme als die Stimme Friedhof-Johns, obwohl er von ihm vor zwei Jahren nur sechs Worte gehört hatte. Am Ende reichte das Lösegeld jedoch aus, um die Geschworenen von der Schuld des Angeklagten zu überzeigen. Er wurde zum Tod auf dem elektrischen Stuhl verurteilt. Nach diversen Berufungen wurde das Urteil am 3. April 1936 vollstreckt.

Kaum war das Urteil ausgesprochen, begannen die ersten Gerüchte zu kursieren, dass man einen unschuldigen Mann verurteilt habe. Es hieß, der wahre Mörder sei vielleicht eher im direkten Umfeld der Lindberghs zu finden.

Im Lauf der Jahre wurden zwei Hauptverdächtige vorgeschlagen. Die erste war Charles Lindberghs Schwägerin Elisabeth Morrow. Lindbergh hatte die beiden Morrow-Schwestern gleichzeitig kennengelernt und war zuerst mit Elisabeth ausgegangen, bevor er Anne geheiratet hatte. Nach dieser Theorie war Elisabeth krankhaft eifersüchtig auf ihre Schwester und das Baby. Es hieß, dass es im Haushalt strikte Anweisungen gegeben hatte, Elisabeth unter keinen Umständen mit dem Baby allein zu lassen. Die Anhänger dieser Verschwörungsthese sind der Ansicht, dass Elisabeth diese Regel irgendwie umgehen konnte und den Jungen in einem Wutanfall tötete. Natürlich gibt es dafür keine Beweise, aber kurz nach dem Vorfall wurde Elisabeth in eine psychiatrische Klinik eingewiesen. Das Problem an dieser Theorie ist, dass der gesamte Lindbergh-Haushalt an diesem Komplott hätte beteiligt sein müssen. Es würde außerdem bedeuten, dass die Familie vor Gericht gelogen und bewusst den unschuldigen Hauptmann in den Tod geschickt hatte. Noel Behn geht in seinem Buch ausführlich auf diese in höchstem Maß spekulative Theorie ein.

Ein grausamer Witzbold

Der zweite Verdächtige war Lindbergh selbst. Er war bekannt dafür, anderen gefährliche und teils grausame Streiche zu spielen. Einmal legte er einem Freund eine Schlange ins Bett. Ein anderes Mal, kurz vor der Entführung, versteckte er das Baby in einem Schrank und erzählte seiner Frau, dass der Junge verschwunden sei. Er erfreute sich eine halbe Stunde lang an ihrer Panik, bevor er sie aufklärte.

Gemäß dieser Theorie wollte Lindbergh wieder einen seiner Streiche spielen, aber diesmal ging es furchtbar schief. Vielleicht war er selbst die Leiter hinaufgeklettert, um seinen Sohn zu „entführen", und ließ ihn dann aus Versehen fallen. Daraufhin hatte er die Lösegeldforderung gefälscht und die Untersuchung selbst durchgeführt.

Selbst wenn einem dieses Szenario extrem unwahrscheinlich vorkommt, so fragt man sich doch, wie Hauptmann ins Bild passt. Die Antwort lautet, dass die ganze Lösegeldforderung vielleicht gar nichts mit der eigentlichen Entführung zu tun hatte, sondern dass einfach ein paar Gauner aus der Situation als Trittbrettfahrer Profit schlagen wollten. Danach wäre Hauptmann zwar ein Betrüger, aber kein Mörder gewesen.

An dem ganzen Fall war vieles sehr merkwürdig, und Lindberghs Verhalten bildete keine Ausnahme. Andererseits darf man auch nicht vergessen, dass nicht nur der Druck der Öffentlichkeit auf ihm lastete, sondern dass sein Kind entführt worden war. Es ist also kein Wunder, dass er sich ziemlich seltsam verhielt. Trotz aller Unstimmigkeiten war die Entscheidung der Geschworenen letztendlich wohl doch richtig. Zu diesem Ergebnis kommt auch der pensionierte FBI-Agent Jim Fisher in seinem Buch zu dem Thema.

Paul ist tot

1969 waren die Beatles – um es mit den Worten John Lennons zu sagen – „größer als Jesus". Sie waren auf der ganzen Welt so berühmt wie noch keine andere Popband vor ihnen. Nicht nur das: Sie waren die Idole einer ganzen Generation, denn in den 1960er-Jahren begannen die jungen Leute, die alte Gesellschaftsordnung zunehmend infrage zu stellen. Die Beatles standen bei dieser Kulturrevolution an der vordersten Front.

In der Folge begannen viele Menschen, das Werk der Beatles viel ernster zu nehmen, als gut für sie war. Die Fans fanden alle möglichen versteckten Botschaften in den Songtexten. Einer dieser verrückten Fans war beispielsweise auch der Massenmörder Charles Manson, der fest daran glaubte, dass er durch das „Weiße Album" der Beatles den Auftrag erhalten habe, Sharon Tate und ihre Freunde in Kalifornien zu ermorden.

Glücklicherweise legte nur ein winziger Teil der Fans die Texte auf diese Weise aus. 1969 geriet jedoch ein sehr eigenartiges Gerücht über die Beatles in Umlauf.

Am 12. Oktober 1969 verbreitete Diskjockey Russ Gibb von Detroits Radiosender WKNR-FM die unglaubliche Theorie, dass Paul McCartney tot sei, und zwar schon seit 1966, und dass er von einem Doppelgänger ersetzt worden sei. Die Beweise dafür lägen deutlich sichtbar vor aller Nase: Es war in den Texten zu lesen und auf den Plattencovern zu sehen. Bald konnte man dieses Gerücht überall auf der Welt hören, und mit jeder neuen Erzählung wurden weitere Details hinzugefügt. Die Grundlage blieb aber immer mehr oder weniger gleich.

Er blies sein Lebenslicht aus

Folgendes war angeblich geschehen: Während Paul McCartney in seinem Auto fuhr, wurde er von einer Politesse („Lovely Rita", der feschen Rita) abgelenkt. Er baute einen furchtbaren Unfall, bei dem er an schlimmen Kopfverletzungen starb. Er wurde so übel zugerichtet, dass man ihn nicht einmal mehr durch Zahnabdrücke identifizieren konnte. Unter diesen Umständen konnten die anderen Beatles seinen Tod geheim halten, während sie darüber nachdachten, wie es mit der beliebtesten Band der Welt weitergehen sollte. Bald hatten sie aber einen Plan: Sie veranstalteten einen Paul-McCartney-Doppelgänger-Wettbewerb. Der Gewinner des Wettbewerbs wurde nie bekannt gegeben, denn der Glückspilz, William Campbell, hatte sozusagen einen Volltreffer gelandet – er sollte Pauls Rolle bei den Beatles übernehmen. Um die Ähnlichkeit mit McCartney noch zu vergrößern, legte sich Campell unter das Messer eines plastischen Chirurgen. Trotzdem sah der „neue" McCartney nicht ganz genau so aus wie sein Vorgänger: Er hatte eine kleine Narbe auf der Oberlippe, die ihn schließlich verraten sollte.

Welche Beweise gibt es nun für diese unglaubliche Behauptung? Die meisten stammen aus dem Werk der Band. Nach Pauls angeblichem Tod im November 1966 enthielt jedes neue Album weitere Hinweise auf sein unglückliches Schicksal. Nehmen wir etwa das legendäre Album *Sgt. Pepper's Lonely Hearts Club Band*. Dies sind ein paar der Beweise, die Fans aufgeschnappt haben:

- Auf dem Coverfoto steht die Band neben etwas, das wie ein frisches Grab aussieht.

- Die gelben Blumen auf diesem „Grab" bilden den Umriss einer Bassgitarre. Paul war der Bassist der Beatles.

- Auf den gelben Blumen liegen drei Stöcke, welche die übrigen Beatles symbolisieren.

- Unter dem „t" im Schriftzug „Beatles" steht die Statue des Hindugottes Shiva, des Zerstörers. Er zeigt mit seiner Hand direkt auf Paul.

- Paul hält als Einziger ein schwarzes Instrument in der Hand – pure Todessymbolik.

Wenden wir uns nun den Texten zu. Dort heißt es „Er blies sein Lebenslicht in einem Auto aus, er hatte nicht bemerkt, dass die Ampel umgesprungen war" (aus „A Day In The Life") und „Man konnte nichts tun, um sein Leben zu retten" (aus „Good Morning Good Morning").
   Den größten Teil der Hinweise findet man jedoch auf dem „Weißen Album". Aus den Worten „Nummer neun, Nummer neun" vom Titel „Revolution Number Nine" wurde „Mach mich an, toter Mann, mach mich an, toter Mann" wenn man die Platte rückwärts abspielte. Auf dem Song sind auch noch andere Hinweise zu hören, etwa von zusammenprallenden Autos. Spielt man das Ende des Songs „I'm So

Tired" rückwärts ab, hört man „Paul ist tot, Mann, ich vermisse ihn, ich vermisse ihn". Im Text eines anderen Songs, „Don't Pass Me By", heißt es: „Tut mir leid, dass ich an dir gezweifelt habe ... Ich war so unfair ... Du hattest einen Autounfall, und du hast dein Haar verloren".

Die Beerdigungsprozession

Die ultimative Quelle für Verschwörungstheoretiker – und die Inspiration für die ursprüngliche Radiosendung – war jedoch das Album *Abbey Road* aus dem Jahr 1969. Angeblich zeigt das Cover Pauls Beerdigungszug. Man sieht, wie die vier Beatles die Straße überqueren: Lennon als Priester (in Weiß), Starr als Sargträger (im Anzug), McCartney als Leichnam (er tritt nicht wie die anderen auf die weißen Streifen des Zebrastreifens, ist barfuß und hält zudem eine Zigarette, was ein sizilianisches Symbol für den Tod ist) und Harrison als Totengräber (in Arbeitskleidung).

Außerdem hat das weiße Auto das Nummernschild LMW 281F. LMW soll für „Linda McCartney Witwe (oder weint)" stehen, und das 28IF heißt, dass Paul 28 Jahre alt wäre, wenn er nicht gestorben wäre. (Als das Album an 26. September 1969 erschien, war McCartney 27 Jahre alt.) Außerdem hält er die Zigarette auf dem Bild in der rechten Hand, obwohl er Linkshänder ist.

In der Tat scheint es so viele Hinweise zu geben – ganz abgesehen von vielen Dutzend Fotos, die beweisen sollten, dass der spätere Paul McCartney eine ganz andere Person ist –, dass man nach einer Weile schon glauben kann, dass damals etwas vor sich gegangen ist. Allerdings konnte der neue Paul auch die Stimme seines Vorgängers exakt nachahmen und hatte auch dessen Qualitäten als Songschreiber geerbt, was die Sache als das aufdeckt, was sie ist: interessanter Unsinn.

Sogar die Beatles fanden das Ganze komisch. Auf John Lennons Soloalbum *Imagine* gibt es einen gegen Paul gerichteten Song, in dem es heißt: „Die Irren hatten Recht, als sie sagten, du wärst tot." 1993 zollte McCartney selbst diesem Gerücht Tribut, indem er sein Livealbum passenderweise *Paul is Live* nannte.

Bibliografie

ALLGEMEIN
Stewart Galanor, *Cover-Up, Kestrel,* 1998.
Devon Jackson, *Conspiranoia! The Mother of All Conspiracy Theories,* Penguin, 2000.
Michael Newton, T*he Encyclopedia of Conspiracies and Conspiracy Theories,* Checkmark, 2005.
Jonathan Vankin und John Walen, *Die 50 größten Verschwörungen aller Zeiten,* Area, 2004.
http://www.alternet.org/story/14873 Übersicht über aktuelle Verschwörungstheorien.
http://www.coverups.com Website über die großen Vertuschungen der Weltgeschichte.

KAPITEL 1: LÜGEN UND INTRIGEN
Jim Marrs, *Inside Job: Unmasking the 9/11 Conspiracies,* Origin, 2004.
John K. Cooley, *Unholy Wars: Afghanistan, America, and International Terrorism,* Pluto, 2002.
Robert Parry, *Secrecy & Privilege: Rise of the Bush Dynasty from Watergate to Iraq,* The Media Consortium, 2004.

KAPITEL 2: GEHEIMBÜNDE
http://www.conspiracyarchive.com Informationen über die Illuminaten, andere Geheimbünde, Bewusstseinskontrolle usw.

KAPITEL 3: DAS UNBEKANNTE
http://www.crystalinks.com/newmexico.html Informationen über den UFO-Absturz in Roswell, New Mexico.
http://www.ufoevidence.org Website, die sich der Erforschung von UFO-Sichtungen verschrieben hat. www.badastronomy.com Wenn man einen skeptischen, aber doch wissenschaftlichen Blick auf Verschwörungstheorien, die sich um die Mondlandungen, UFOs usw. drehen, werfen will, ist diese Website kaum zu schlagen.

KAPITEL 4: POLITISCHE VERTUSCHUNGEN

Dick J. Reavis, *The Ashes of Waco: An Investigation,* Syracuse University Press, 1998.

Alexander Cockburn, Jeffrey St. Clair, *Whiteout: The CIA, Drugs and the Press,* Verso, 1998.

KAPITEL 5: GEHEIMNISVOLLE MORDE

James H. Fetzer (ed.), *Murder in Dealey Plaza: What We Know Now That We Didn't Know Then,* Open Court, 2000.

Noel Botham, *Der Mord an Prinzessin Diana. Die wahren Hintergründe ihres Todes,* Droemer/ Knaur,2005.

Barbara Leaming, *Marilyn Monroe. Die Biografie jenseits des Mythos,* Herbig, 2001.

KAPITEL 6: PROMINENTE INDISKRETIONEN

Lloyd C. Gardner, *The Case That Never Dies: The Lindbergh Kidnapping,* Rutgers University Press, 2004.

Matthew Parris & Kevin Maguire, *Great Parliamentary Scandals: Five Centuries of Calumny, Smear and Innnuendo,* Robson Books, 2004.

Gail Brewer-Giorgio, I*s Elvis Alive?,* Tudor, 1988.

Albert Goldman, *Elvis. Die letzten 24 Stunden,* Lübbe, 1993.

Register

Impressum

ISBN 978-3-8094-3997-4

1. Auflage

© 2018 by Bassermann Verlag, einem Unternehmen der Verlagsgruppe Random House
GmbH, Neumarkter Straße 28, 81673 München

Copyright © Arcturus Holdings Limited
Titel der Originalausgabe: *Conspiracy. The Greates Plots, Collusions and Cover-ups.*

Projektleitung dieser Ausgabe: Dr. Sarah Rafajlovic
Umschlaggestaltung: Atelier Versen, Bad Aibling
Herstellung: Reinhard Soll

Bildnachweis:
Corbis: 52, 65, 97, 119, 135, 139, 153, 163, 171, 177, 182, 203, 227; Getty Images: 22; Mary
Evans: 143; PA: 41; Rex Features: 125, 158, 187, 216, 223, 234, 241, 248, 255; Shutterstock: 29,
33; Topham Picturepoint: 62, 80, 91

Verlagsgruppe Random House FSC® N001967

Druck und Bindung: GGP Media GmbH, Pößneck

Printed in Germany